美國後巷

非典型旅人的美國探索紀實

楊佳榮 Jerome Yang　著

推薦序／「非典型」的美國，成就了美國的「典型」

《報導者》記者　李易安

　　我們今日在談到美國時，腦海中經常會浮現各種刻板印象：它是當代最強大的國家之一，能憑藉政經實力，將流行文化向世界各地輸出；舉凡可口可樂、漢堡、好萊塢這些商品或符號，早已和美國文化劃上等號，影像力輻射及於世界上幾乎所有地方。

　　但也正是這種刻板印象、以及我們對美國多少都有的熟悉感，讓我們很容易忽略，其實美國可能比我們想像得還要更加多元，也有很多不太符合典型美國印象的角落，被遺落在主流的再現之外。

　　我第一次意識到這件事，是 2006 年在美國旅行的時候。當時我買了美國國鐵（Amtrak）的月票，以火車作為移動方式，於是也和佳榮在本書裡的經歷一樣，貼著地面橫越了整個美國。

　　但即便如此，我和旅伴當時心儀的目的地，還是一般人更熟悉的那個美國，也就是加州和美國東北岸地區；整片中西部，只被我們當作必須克服的「空間障礙」──坐在火車上，我只是默數著穿越了幾個州，卻沒有想過要下車停留。

　　但就在那幾趟橫越美國的列車上，我認識了幾位美國的「鄉下人」，那是我第一次認識不那麼「主流」的美國。

　　比方說，從芝加哥到西雅圖的列車上，我遇到了一位堅稱自己是佛教徒的農夫（主要作物是大麻），背著吉他正要去大城市錄唱片。他的菸癮很重，所以每當車掌經過時，他都會用顫抖的聲音詢問列車什麼時候停站，停站後有沒有時間下車抽根菸。

因為菸癮，他痛恨坐飛機；如果沒有必要，也絕不會長途旅行。當時他聽到我從芝加哥到西雅圖，必須在火車上待兩天兩夜，便用憐憫的眼神看著我。下車前，他塞了一根大麻菸送給我——我想，他大概是真的很憐憫我吧。

另一位則是一個高中生，年紀只比我小一歲；祖先來自日耳曼語區的血統，還嵌在她的姓氏裡。她住的小鎮離加拿大的邊界不遠，但沒有大醫院，所以只能花幾個小時搭火車到大城市進行手術後的複檢。

我因為無知，也為了找話題，所以隨口開玩笑地問她，聽說加拿大和美國很像，為什麼會是兩個國家？她想了想，告訴我她也不知道。然後又突然補了一句，或許只是因為美國還沒打下加拿大吧。

而他們兩個人，幾乎就是我對美國中西部唯一和人有關的印象了。

後來我第二次意識到自己對美國的不瞭解，則是 2016 年川普當選美國總統的時候。

當時我認識的美國人裡頭，沒有一個認為川普可能當選，或應該當選。於是選舉結果出爐後，我便和我的美國朋友們一起陷入了震驚。

但漸漸地我意識到一件事：就算我去過美國、曾經坐在火車上路過中西部，但我能認識到的大多數美國人，不是來自加州，就是來自美國東北部的都會區。那些投給川普的人，我幾乎沒有機會遇到；開票地圖上那些標示川普勝選州的紅色塊，對我來說其實全然空白。在我的印象裡，它們頂多只是車窗外無止盡的麥田和玉米田，以及那位菸癮很重的農夫和高中生。

不知道農夫今日是不是菸癮更重了，也不知道那個高中生，後來有沒有申請上心目中的理想大學。我也不知道，全球矚目的美國總統大選，他們把票投給了誰。

但除了中西部之外，美國其實還有很多其他「非典型」的地方。比方說，佳榮的「非典型探索行程」，就到了我一直很嚮往的布萊頓海灘。

　　我曾經一度很想搬去紐約住，原因就是紐約近郊的布萊頓海灘，居然連「中亞高麗人」開的「中亞風／蘇聯風朝鮮餐廳」都找得到。

　　所謂的「中亞高麗人」，指的是 19 世紀期間，從朝鮮半島遷徙到西伯利亞、俄羅斯遠東地區，二戰前夕再被史達林大批流放至中亞的移民；他們到了中亞之後，艱苦地適應了陌生的環境，發展出了融合朝鮮、俄羅斯和中亞特色的文化，而這種雜揉多元族裔風格的文化，就像佳榮在書中所說的，也展現在他們的料理上面。

　　然而這群高麗人，有些在蘇聯解體之際，又再次移民到了美國、在布萊頓海灘這樣的族裔社區落腳，和其他前蘇聯、東歐移民比鄰而居；而過去一百多年裡的三次遷徙，也讓中亞高麗人成了「多重離散」的群體。

　　於是某個意義上來說，布萊頓海灘就是美國這個移民國家、以及近兩百年來世界局勢的小小縮影：原本由東歐猶太裔聚集的這個社區，因為原鄉的地緣因素而逐漸吸引到其他東歐、蘇聯移民，而因為帝國角力、世界大戰而被遷到蘇聯中亞的高麗人，才會這樣意外地來到紐約的海濱一隅。

　　如果我們拉長歷史縱深來看，其實布萊頓海灘也證明了一件事：人類的歷史，幾乎可以說就是由「移民史」寫成的，只不過作為「移民國家」的美國，用了更短的時間、更濃縮的版本讓「移民」更容易辨識出來，而這些看似「非典型」的族裔地區，其實本就是美國的「典型」。

不過有點可惜的是，由於疫情的因素，佳榮的阿拉斯加之旅，沒有辦法涵蓋我也很感興趣的戴奧米特島（Diomede）。這座位在俄羅斯和美國邊界上的小島，和它的「孿生」島嶼「大戴奧米特島」（俄方稱拉特曼諾夫島，Ratmanov Island），距離只有兩三公里，卻分別屬於美國和俄羅斯的領土，上個世紀直到鐵幕瓦解之前，就是世界上最不為人知的冷戰前線之一。

　　很有意思的是，這對孿生島嶼不只被國界分開，還正好就落在國際換日線的兩側，所以雖然近在咫尺，彼此卻有二十多個小時的時差，也再次凸顯了人類界線落在自然環境中的荒謬之處。

　　但佳榮在阿拉斯加的旅行，依然捕捉到了近年美中角力、「新冷戰」序幕再啟的幽微變化，比如為了因應中國崛起和北極航路的開通，另一個阿拉斯加的極地小島便再次迎來了軍隊駐紮，或許也將再次成為強權爭霸的前線，讓這本書更加貼近了時勢脈動。

　　而發生在阿拉斯加的這些變化，也再次應證了史學家里博（Alfred J. Rieber）在《歐亞帝國的邊境》裡給我的啟發：如果想真正感受帝國的力量，你必須到帝國的邊境地帶才行，那裡才是帝國施展力量的場域與前線。

　　話說回來，身處地緣政治前線上的台灣，也同樣就是文明衝突、帝國施展力量的核心場域；我們的未來，很大程度上也終究和美國的意向有關，但我們對這個國家的認識，卻又經常相對扁平。就此而言，佳榮的這本書，就提供了一個非常貼地、卻又不太主流的視角，能幫助我們理解這個世界大國的多元樣貌，衷心推薦給大家。

美國是個聯合國縮影，也是豐富地景的國度！

「巫師地理」粉專社群版主　巫仰叡

　　大概是 2019 年，疫情之前，podcast 漸漸地在台灣流行了起來，由於巫師地理這個粉專，也在網路接觸了不少知識性分享者，發現了旅行熱炒店。除了他的節目主題、主廚的口條，更多的是地圖精美，每每看到 Jerome 繪製的地圖，可以清楚地搭配該主題內容，印象有一集是世界各地的客家人，透過主廚的包裝設計，很容易可以進入遠方國度的情境。後來輾轉知道 Jerome 是台大地理系的背景，飛往美國留學深造並在加州落腳，持續分享地理有趣之處，以及旅行經驗，這些著實讓很多地理人有很深的共鳴，透過主廚的視角，豐富聽眾的視野！很榮幸巫師地理有這樣機緣，推薦 Jerome 的新書，關於美國的探索。

　　美國國旗的五十顆星與十三條紅白條紋，說明了北美十三州到現在達到五十州的版圖，橫跨大西洋的美東與太平洋的美西，以及緯度最高的阿拉斯加，熱帶島嶼的夏威夷。所以，我們對於美國的意象，不僅止於好萊塢電影，加州的洛杉磯還是最大都會的紐約，極圈極光也是美國的一部分、沙漠仙人掌也是美國的一部分，它還有著名的黃石公園、優勝美地、密西西比河等。因此，幅員遼闊的美國，從 Jerome 親身造訪的經驗，他與原住民的交流，描述當地景色背後蘊含的故事，石油經濟如何讓阿拉斯加的社會有所變動，阿留申群島在美蘇冷戰的戰略地位。這些文筆內容讓人進一步思考，看到地景背後有什麼因素在這環境產生的交互作用。

　　那些沒有與美國本土相連的，屬於海外領地，因為低緯度而有陽光普照的度假島嶼，有別於一般對於美國的想像。Jerome 造訪加勒比海的美屬維京群島，透過歷史與族群的脈絡，勾勒出這裡非洲裔美國人的故事，穿插著當地自然地景的體會，讓讀者有種身歷其境的感受。

確實，大西洋三角貿易，歐美非之間的不對等關係，有段長時間黑暗奴隸的壓迫歷程，直至今日，族群仍是重要探討的議題，我們如何看待族群之間的融合，以及平等的追求。美國不應是白人視為主體，它是海納世界各地追尋自由民主，接納多元為夢想的國度，也許有很多問題存在，有待努力成為更好的國度。

　　就像是 Jerome 探討「波多黎各」，這個容易被誤會是個國家，也曾與台灣在棒球比賽對戰過的隊伍，原來是美國的屬地，然而是否成為美國的一個「州」，已經交付公投多次，這個議題確實需要尊重當地民意，也是美國如何看待各個屬地的背景，整個國家與社會如何一起，成為更融合的共同體？雖然還有一段路要走，這過程卻令人玩味。像這些想法，融合了 Jerome 造訪的地點，遊記不僅是旅遊的敘事，更多元素是人文社科的視角，也許同為是地理人，可以從這本書當中，得到很多各角度看待「地景」，為什麼是這樣的景色呈現在眼前？

　　很吸引我的段落是，許多景點是比較少人造訪的，像是人類學的角度在觀察當地的社群，像是因努皮亞克人、蹦巴傳統、南島民族的夏威夷等。細細地透露出人們日常的生活，在飲食、音樂、建築、器物等各方面，作為讀者也可以運用這樣的觀點，特別是在背包客的規劃上，應用在自己造訪的旅行，如何梳理在地的文化脈絡，留下更深刻的啟發。我想這是 Jerome 值得讓我們學習的取徑。

　　另一個很吸引我的內容是，描寫在美國城市各社區的移民文化，所謂的「小台北」，或是其他東南亞、中國、拉美、歐洲等不同移民背景的組合，在美國這土地上，猶如文化的「飛地」，綻放出那族群的文化元素。有人形

容美國是族群融合，各種族裔之間的交流與新創，有人形容美國是族群拼盤，在各州各城市的社區，轉個不同街區就有不同的移民背景。族群融合還是族群拼盤，好像都是，是什麼樣的角度看待美國這個國度。

Jerome 在美國求學過程，直到工作及旅遊在美國的記事，勾勒出許多我身旁同學在美國生活相似的體會，由於美國歷史背景，所謂的「美國夢」，接受了很多國家的移民或是難民庇護，成爲了世界上少有已開發國家，仍然人口增長，就在於機會在美國實現的可能性。

確實，美國影響力仍是世界強大的，無論跨國企業、影劇娛樂，甚至自由民主的理念。著實讓我連想台灣與美國之間的關係，特別是近年來，美中競爭，兩個不同體制與路線的競爭，台灣儼然是兩大陣營爭奪的籌碼，當然這一言難盡，卻也是在閱讀這本書當中，許多台灣人在美國生活，也有許多美國人在關切台灣。全球化的時代，各個地方彼此都有所連結著。

關不掉的好奇心雷達

在我的成長過程中，美國，甚至整個英語世界，其實不是一個令我特別感興趣的地方。

我不喜歡總是上演著正邪交戰的好萊塢電影，旁人琅琅上口的美國流行音樂我一無所知，小學時班上風靡的麥可·喬丹也沒能吸引我的目光，就連國中時學校指定要收看的《大家說英語》教學節目，大多數時候我都是在家開著電視、半躺在沙發上補眠度過。

對美國不感興趣、英文程度又差（大學差點因為英檢沒過無法畢業），偶爾身邊有人提起「要不要去美國留學？」在我聽來像是天方夜譚。即使後來真的有幸來到這裡讀書，一開始不過是為了「拿學位」和「體驗異國生活」罷了，對這個國家真的沒有太多嚮往，更別說是寫出一本以美國為主題的書。

即便如此，這本書最後還是誕生了。最關鍵的原因，或許還是我那對周遭事物無比敏感、想關都關不掉的好奇心雷達。

無論住在什麼地方，喜歡也好、討厭也罷，在好奇心的驅使下，我只要有空就會在附近亂跑，將腦袋中內建的雷達開到最強，到處感測一下周遭有沒有什麼有趣、但很少人知道的事物。國高中的我對台北沒有特別熱愛，卻騎著腳踏車拜訪了與信義計畫區一街之隔的老社區、淡水河中央沙洲上的菜園、新店溪畔的都市原住民部落，這些和一般印象大相徑庭的台北風貌，重建了我對這座城市的認識。

同樣的，來到美國之後，我也沒有停下腳步，持續去探索身邊的人事物，尤其是各國移民居住的地方。從一間餐廳或一家超市開始，我試著去挖掘這群人背後的故事、他們是如何來到這裡，以及在生活中如何延續他們的文化。

這些看似只是「附近隨便走走」的小旅行，實際上是一扇扇的任意門，讓我即使在自己的城市裡，也能夠輕易走進地球彼端的文化中。

這本書出現的另一個契機，則是橫掃全球的 COVID-19。國際旅行的停擺，讓我被迫停止探索世界的腳步，將目標轉回美國國內。「既然這個國家那麼大，那就到它最遙遠、最邊緣的地方去看看吧！」我抱持這個心態挑戰「國內旅行」的極限，先到了阿拉斯加居住三個月，後來又去了加勒比海的維京群島、波多黎各，以及一個多數人可能聽都沒聽過的夏威夷島嶼。

這些閒暇時的城市小旅行，以及不能出國旅行時的國內替代方案，最後成為了這本書的內容。東一點、西一點地撿拾麵包屑，最後竟也做出了一塊完整的大餅！

感謝時報文化總編輯、美編與校對的協助，包容了我身為作者的許多任性與矜持；也感謝身邊家人朋友們在寫書過程中的陪伴與傾聽；最重要的，是要感謝收聽《旅行熱炒店》PODCAST 節目的每一位聽眾，你們的支持和回饋，讓我有動力將節目上分享的內容重新精煉成文字，解鎖了人生第一次出書的成就。

現在打開這本書的你，正住在地球上的什麼地方、忙著怎樣的事情呢？期待這些從美國「門面」繞到「後巷」的小小旅行故事，能夠刺激你的好奇心雷達，無論是住在哪裡、生活是苦悶還是精彩，都用力地去探索周遭的世界、挖掘那些事物背後的故事吧！

Jerome Yang
楊佳榮

目錄

阿拉斯加州重要地點

朱諾
Juneau

北極圈

費爾班克斯
Fairbanks

安克拉治
Anchorage

烏特恰維克（巴羅）
Utqiagvik (Barrow)

科迪亞克
Kodiak

狄納利國家公園
Denali National Park

諾姆
Nome

迪奧米德群島
Diomede Islands

聖羅倫斯島
St. Lawrence Island

荷蘭港
Dutch Harbor

埃達克島
Adak Island

國際換日線

6 月盛夏之際仍然飄著浮冰的北極海。

北極海畔的捕鯨小鎮：
烏特恰維克

1

2021 年夏天，趁著從波士頓搬家到北加州灣區的空檔，我利用 COVID-19 疫情期間遠距工作的機會，搬到阿拉斯加居住了三個月的時間。我想要以在地人而非遊客的身分，好好了解這個地方的環境、歷史，還有人；而其中最讓我感興趣的一群人，正是阿拉斯加的原住民（Native Alaskan）。

在美國，想要好好認識原住民其實非常困難，甚至比在台灣還要難！

美國的大陸原住民（也就是童書裡面所稱的「印第安人」）僅占總人口 0.7%，就算加上極圈原住民與太平洋南島民族，也不過占 0.9%，不只能見度遠遠不及其他族裔，就連要在生活中認識一位擁有原住民血統的美國人都不太容易。

阿拉斯加的情況則稍有不同。在 1867 年美國購買阿拉斯加之前，當地人口幾乎全為原住民；雖然今天比例已經大為降低，目前仍有 15% 的人口為原住民。也就是說，走在街上，每 7 人之中就有一位是當地原住民，比例之高居全國之冠。

我拜訪的第一個部落，坐落在北極圈的北極海畔，正好也是鼎鼎大名的美國最北城市——烏特恰維克（Utqiagvik，又名巴羅）；而吸引我來的，是他們在仲夏時分舉行的慶典「Nalukataq」。關於這項慶典，網路上能查到的資料不多，我事前唯一知道的是，這是個「用毯子把人拋向空中的活動」。

飛往
北極圈

　　和大多數阿拉斯加極圈的部落一樣，烏特恰維克雖然位在北美大陸上，卻沒有公路與外界相連，唯一前往的方式是搭飛機。這段航程看似與一般國內旅行並無二致：一樣的安檢、一樣的 737 機型，但不一樣的是，身邊的乘客帶的行李多了不少。我後來才知道，原來不少偏遠小鎮居民會定期飛到安克拉治進行大採購，尤其是像衛生紙、尿布這種日常消耗品。阿拉斯加航空也順應民情地提供每個人兩件行李的免費托運服務，讓居民們能將這些物品帶回家。

　　離開安克拉治後，首先翻過白雪皚皚的阿拉斯加山脈，不時能夠透過窗戶看到氣勢磅礴的冰河，機長也會善意提醒遊客「左邊可以看到北美最高峰狄納利山！」；然而，過了這段山脈，地表就恢復了單調，廣大的苔原平緩而荒蕪，在陰沉的天色下更顯黯淡。不久後眼前出現一個個還未完全融冰的湖泊，海上有著像碎玻璃一樣的浮冰漂移著，看來接近北極海了！

　　烏特恰維克的機場建築與其說是航廈，稱之為「機庫」或許更為貼切。在建築物的一角騰出了大約兩間教室大的空間，候機、托運行李、安檢、抵達、提領行李全部都在這裡進行。每當航班起降時，裡面得容納整整兩架 737 飛機的乘客，可以想見有多麼擁擠。

　　走出機場，鎮上的景象讓人以為置身於外星球！由於車輛溫度容易導致永凍層融化、路基不穩定，所有的道路都是以沙土鋪面，車輛大多是小

（上）烏特恰維克機場的建築，比起航廈更像是座機庫，外頭直接就是碎石路面。（下）烏特恰維克街頭，背後就是漂浮著冰塊的北極海。

貨車或高底盤，呼嘯而過揚起滿天塵土，好似台灣南部河床上的砂石場。同樣因為永凍層因素，所有房屋都建造在架高的木樁上，好讓冷空氣能夠通過房屋底部，防止下方的地層融化，看上去彷彿是在火星上建立的太空基地。

祭典會場的

★ ★ ★

社會百態

安頓好住宿，我便趕緊出發前往 Nalukataq 祭典的會場，深怕錯過了任何活動細節；然而，初來乍到會場的我，看到的景象卻令人摸不著頭緒——

那是北極海畔的沙地上，一個操場般的橢圓形場地。四周圍著的塑膠布，雖然是爲了抵擋攝氏零度寒風而設置，但許多部分早已禁不起吹襲而破裂。場內居民們各自準備桌椅聚集在此，從聊天、玩樂到教訓小孩的都有，彷彿整個村子的日常都瞬間濃縮在這座廣場裡。活動無人主持，也沒有具體時間表，沒有人知道何時開始、何時結束。身爲外來者的我，唯一能做的就是用雙眼觀察。

就在這時，村民們突然叫我去幫忙。原來廣場中間放著幾塊長條木板上，還殘留著鐵釘，一個男孩在嬉戲時被刺傷了，當場血流如注！村民們趕快忙著止血，並且請我幫忙扛著他去找爸媽。

我馬上義不容辭地加入，還因爲自己有機會參與當地的生活而暗自欣喜。但不知道是不是因爲極圈氣候寒冷、當地居民熱量攝取高的緣故，這裡的孩子發育都不錯，很快地我就意識到自己無法支撐男孩太久，只能請其他人接手。

之後，我才逐漸進入狀況——原來這是從中午持續到半夜的活動，整個祭典是以分發當年捕獲的鯨魚肉展開。

村民們依照家族傳統，組成不同的捕鯨隊伍，每支隊伍都擁有自己的名稱與隊服。當全村人都來到廣場後，部落長老會帶著眾人以基督教儀式祈禱、感謝上帝賜予該年的收穫，接著各隊成員就開始分發漁獲，其中包括煮熟後質感神似牛排的魚肉、擁有生魚片口感的皮下脂肪層「木克土克」（muktuk）、醃漬過的魚腸小菜，以及讓大家帶回家料理的大塊冷凍鯨肉。

除了鯨肉之外，會場也有年輕人提供咖啡、紅茶，以及香味四溢的馴鹿湯、鴨湯與鵝湯，讓大家暖胃。整個現場雖然奇冷無比，卻被這種分享與互助的氛圍給填滿；即使是外來者的我也有分，甚至還有村民好心地提供夾鏈袋，讓我能把領到的木克土克帶回家。在一個所有東西都得空運過來、超市售價是其他地方三倍的小鎮，這樣的慷慨讓我特別感動。

Nalukataq 儀式開始時，捕鯨隊成員在場上圍成一圈祈禱感恩，接著便開始向村民發放鯨魚肉。

至於剛才讓男孩不慎被扎傷的木板，原來是晚上的重頭戲 Nalukataq 所使用的支架。村民們利用三組支架配合繩子，將一塊海豹皮做成的跳墊架高到空中約 2 公尺處。彈跳的時候，一位部落成員站到跳墊上，其他人則站在四周將跳墊下拉，利用往上回彈的力道，將上面的人拋向空中。每一次的跳躍，都伴隨著歡呼，有時還會從空中撒下一大袋糖果，孩子們興奮地爭相撿拾。

　　號稱晚餐後就展開的 Nalukataq，實際進行時間已接近晚上 10 點，並且一路延續到午夜；在極圈永晝的陽光照耀下，一點都不像是個「深夜活動」。

　　經過第一天的洗禮，我對這場祭典有了粗略的了解；然而，這個活動究竟為何會存在？彈跳和捕鯨又隱藏著什麼神祕的連結？

（左）在 Nalukataq 捕鯨收穫祭典上吟唱歌謠的因努皮亞克部落成員。
（右）Nalukataq 場上分發鯨魚肉。

因努皮亞克人的
捕鯨文化

　　住在北極海畔的這群人，稱自己爲「因努皮亞克」（Iñupiaq），在族語中的意思是「眞正的人」，和賽德克語中的「賽德克巴萊」（Seediq Bale，也是指眞正的人）有異曲同工之妙。因努皮亞克在學術上是因努伊特人（Inuit）的一支，也就是兒童讀物或卡通裡所稱的「愛斯基摩人」；只不過他們並不會像卡通裡演的那樣，在冰上挖洞釣魚或住冰屋，也不會追著北極熊到處跑。

　　在土地生產力低的極圈，維生資源非常稀少，陸地上的大型動物也不多，因此在部落傳統裡，海中的鯨魚是非常重要的食物來源。除了作爲食物之外，鯨魚身上的脂肪也是油的主要來源，而堅硬的鯨魚骨還能做成工具或飾品。

　　在阿拉斯加北方的海域中，棲息著一種巨無霸級的鯨魚：弓頭鯨（bowhead whale），平均長約 15 公尺，重量可達 90 公噸，是其他鯨魚如小鬚鯨（minke whale）的十幾倍大，壽命更可以長達 200 歲。

　　這群弓頭鯨有著季節性遷移的習性。每當寒冬來臨，牠們就從北極海沿著阿拉斯加海岸南遷，游到極圈以南的白令海峽度過冬天；到了隔年春天，牠們又循著不同的路線北上，回到北極海，如此周而復始的循環。由於體型巨大，而且洄游路線離岸邊不遠，對於這些資源匱乏的海岸部落來說，簡直是從天上掉下來的禮物！

每當洄游季節來到，部落中的捕鯨隊就得蓄勢待發了！傳統上，女性擔任岸上後勤的角色，將好幾張海豹皮縫製成防水的捕鯨船身，搭配木頭骨架做成捕鯨船；而男性則在結冰的北極海上開闢出一條小徑，直通鯨魚游過的海面，並在那裡設置營地，24小時待命。等到水面下一有什麼動靜，立刻出動捕鯨船，以魚叉（harpoon）獵捕弓頭鯨。

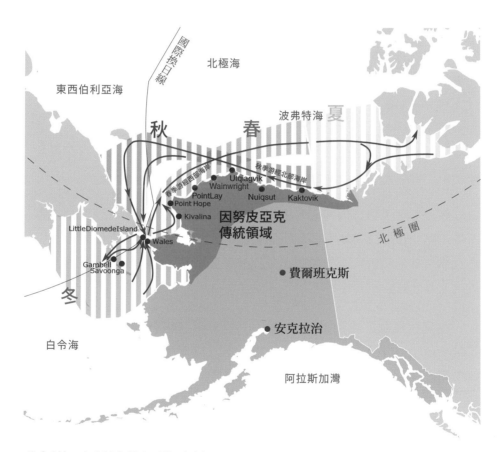

北極海弓頭鯨的洄游路線

夏天至波弗特海棲息，冬天則在南方的白令海度過。留意春季與秋季的洄游路線有所不同，也導致了各個部落的捕鯨季節不同。

祭典的重要環節：彈跳！圖為用海豹皮製成的跳墊。

　　捕鯨的場景是神聖而嚴肅的，那是一隻鯨魚即將奉獻自己靈魂養活他人的時刻，必須不苟言笑，並且保持安靜。即使成功捕獲鯨魚，在冰上後續處理的過程中，同樣必須認真以待。在因努皮亞克人的認知裡，鯨魚的靈魂在死後會回到海中，告訴牠的同伴們自己所受到的待遇，因此要是不慎重看待這個過程，未來很有可能就再也捕不到鯨魚。

　　等捕鯨隊伍從冰上回到部落，歡慶的時刻才正式來到！這時候族人們齊聚一堂，捕鯨隊將處理好的鯨魚肉分給部落成員，一起慶祝該年的收穫；而原本作為船身的海豹皮，這時候也就順勢拆了下來，成為 Nalukataq 慶典中，將人拋向空中的跳墊。

　　在晚上 11 點的「午夜豔陽」照耀下，我加入了 Nalukataq 的行列，和族人一起將跳墊上的人拋向空中。不少族人穿上藍色布料配上傳統花紋的服飾，在陽光下顯得鮮豔動人，也為這片看似單調陰沉的大地，增添了少見的華麗色彩。

因努皮亞克人為何要彈跳？有一說是在這平坦遼闊的大地上，藉由跳高能看到更遠的地方，便於掌握獵物的動態，也有人說純粹就是為了慶祝而存在。但就在活動現場，身邊兩位部落媽媽的對話，讓我發現了彈跳的另一層意義——

「咦，上面那個人是誰啊？」
「喔，那是某某某家裡的小孩，現在在某某城市工作……」

原來，在這個年輕部落成員大多外出工作的年代，Nalukataq 如同台灣的豐年祭，是部落成員返鄉齊聚一堂的時刻；而站到跳墊上的年輕人，有了被族人認識的機會，也讓好不容易相聚的部落成員能夠更新彼此的近況。

夏至前後，北極圈裡晚上 11 點的天空。

圖 1-4

1

北極海畔的捕鯨小鎮：烏特恰維克

是誰住在

北極圈裡？

今天的烏特恰維克不只是美國最北邊的聚落，也是整個北坡地區（North Slope）的行政中心所在，擁有醫院、學校與政府機關，居民大約一半為因努皮亞克人，另一半則是外來的居民。這不禁讓我感到疑惑：究竟誰會想要從外地搬來這個一年之中有兩個月不見天日、超市價格貴到不可思議，又幾乎沒有任何休閒娛樂的地方？

於是我在早餐時問了年約 60、在這裡住了 30 年的民宿主人夫婦。他們可說是這個部落的活歷史。

原本連歐洲殖民者都毫無興趣的這片荒涼大地，在 1968 年發現了石油。1970 年代初，阿拉伯國家與以色列衝突造成的贖罪日戰爭（Yom Kippur War），以及後續造成的能源危機，讓美國決定加速開發阿拉斯加北坡的石油。於是短短幾年內，一條油管拉進了極圈，直通北極海畔，將地下蘊藏的黑金源源不絕地灌進太平洋岸的油輪裡。

至於已經居住在這裡數千年的因努皮亞克人呢？他們一夕之間成了「家裡噴石油」的地主，幾個部落組成一個大型資本集團，向石油公司收取權利金。這些豐厚的利潤，讓北坡的部落得以大肆投資公共建設，興建現代化的道路、房舍與基礎設施。大量的工程需求以及優渥的工資，是吸引外地人到這裡謀生的主要原因，我的民宿主人夫婦也不例外。

「絕大多數人都只會在這裡待幾年，錢存夠了就離開，會在這裡待 5
年以上的非常少！」男主人這麼說，不過也有例外，「像那個鎮上的韓國
餐館，他們已經在這裡經營了三、四十年，把小孩養大，努力存錢再去投
資下一個目標。」最後他不忘補上一句：「這些亞洲人家庭真的很懂得怎
麼存錢賺錢！」

　　賺錢賺得快，又沒有什麼地方可以花錢，讓不少外來居民在這裡存到
一桶金；但是真的定居下來，有些開銷還是相當可觀的，像是買一輛車子，
必須付 8,000 到 10,000 美金的運費。我好奇地問男主人，車子是怎麼運
來的呢？

　　「用飛機空運。貨輪一年只會在海面沒有結冰的 8 月來一次，運費
也不會比較便宜。或者到了冬天，他們有時會在結冰的北極海上開卡車送
貨。」他說。

因努皮亞克的
未來

　　烏特恰維克的博物館，是保存傳統文化的中心，裡面完整介紹了整個捕鯨的流程，並且展示他們所使用的器具。我問館員，現在族人們還會說族語嗎？

　　「要看家庭。有的家庭講得比較多，有的比較少。」館員這樣回答。「因爲我們在 1950—1960 年代也曾經經歷過文化打壓和寄宿學校（boarding school），那個年代出生的人很多都不會講族語。喔～不過現在我們有沉浸式的學習環境，也有用羅塞塔石碑（Rosetta Stone）軟體，效果還不錯。」

　　作爲因努伊特的一支，因努皮亞克在文化上和加拿大北部、格陵蘭的原住民雖然相距數千公里，文化卻是緊密相連的。「我們曾經和他們交流過，雖然字彙有些不同，但他們講話，我們是聽得懂的！」館員馬上講出了好幾個因努皮亞克語的單字，並且說明這幾個字在其他部落語言中的發音，的確可以聽出來是十分相似的。

　　在祭典會場，我也遇見了其他人：一個來自其他部落、帶著攝影團隊來這裡採訪的創業者兼網紅，還有一位因爲父親是部落社會議題學者而與當地結緣的加州女生。極圈的生活並不容易，長期被邊緣化的傳統文化也還在慢慢被找回之中，但看到這些默默努力的人們，我感覺因努皮亞克的未來是充滿希望的。

「嘿，還記得你昨天幫忙抬著的那個小男生嗎？」在第二天的祭典現場，身邊突然傳來這樣一句話。

　　「喔，當然！」我不假思索地回答。

　　「我就是那個小男生，謝謝你昨天幫我！」他說完，就和同伴們活蹦亂跳地跑走了。

　　那一刻，我覺得心裡好溫暖。作爲一個外人來到部落，短短兩三天所看到的有限，更不用說真正理解當地人的實際生活；那短暫幾分鐘的交流，讓我和烏特恰維克有了難以言喻的特殊連結。

　　「我們不會拒絕任何人。」那是我剛到祭典會場還搞不清楚狀況時，一位和我聊天的大叔說的話。

　　只要你願意抱持著學習與尊重的心情來到這裡，每個人都是受到歡迎的。

烏特恰維克用鯨魚骨做成的教堂招牌。

飛往阿留申群島路上所見的盾狀火山。

冰火齊發的冷戰最前線：
阿留申群島

2

　　位在太平洋北端的阿留申群島，像是一條項鍊一樣，以優美的弧形姿態垂掛於亞洲與美洲大陸之間。我從很小的時候就知道這串島嶼，也一直對它懷有莫名的憧憬。

　　這串島嶼雖然位置偏遠，但因爲採用大圓航線的東亞—北美航班時常通過此地，其實是交通繁忙的要道所在。只是正常情況下，飛機通常只從上方凌空而過，除非有緊急狀況，否則不可能在此降落。正是這種「看似好近卻又好遠」的神祕感，讓我更想找機會來此一探究竟。

　　終於在居住阿拉斯加的第二個月，把握 7 月初的長週末假期，我規劃了一趟前往少數有居民的島嶼「埃達克島」（Adak）的旅行。

　　如同阿拉斯加的其他地方，在此旅行最大的障礙就是「貴」。在極其缺乏資訊的情況下，我找到了一家民宿的電話，打過去詢價，也順便問問能不能在島上做些什麼事情，例如「打工換宿」。

　　「你好，我計畫到埃達克島去旅行，7 月初那個週末去，住四個晚上，還有空房嗎？」

　　「喔～太好了，非常歡迎你來！沒問題，我這邊還有空房。」

就在我表明自己有興趣幫忙做些事情、看是否能換宿或至少得到一點折扣後，電話那頭的阿伯不疾不徐地說：

「其實我們島上沒什麼事情可以做啊！平常就只有幾百個人、一間學校、一間店，沒什麼地方可以讓你當志工的……不過，如果你是軟體工程師，或許我可以請你幫我維護一下網站。」

就這樣，想要當志工省錢的想法又破滅了。但因爲實在太想親自去阿留申看看，牙一咬、信用卡刷下去，就這樣開始了「北太平洋海島度假之旅」。

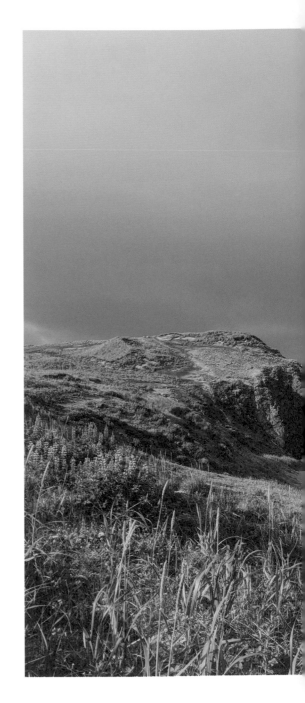

埃達克島一隅，趁著陽光難得露臉，拍下秀美的一面。

埃達克島，
和你想的不一樣！

　　說起我對阿留申群島的印象，大概是火山密布、氣候濕冷、人跡罕至，皚皚白雪覆蓋的山頭上可能偶爾還冒著黑煙，有種遺世獨立、冰火交融的感覺，而這裡大多數地方的確如此，但埃達克島卻不太一樣。

　　飛機還未降落，可以看見島上數百棟整齊劃一的住宅，井然有序地在東側寬敞的平地上排列著，鮮豔的屋頂和白色的外牆挺立於廣袤的綠色草地上，從空中看來像極了樂高模型。

　　更令人費解的是，這座島嶼夏天時人口不過 300 人，冬天更只剩 65 人常駐於島上，從安克拉治前來的班機卻是完整的一架 737，近 200 人的座位只坐了不到 10 個乘客。這座島嶼究竟有什麼與眾不同之處，讓它在綿延百里的阿留申群島中如此特別而突出？

　　1941 年 12 月，日本偷襲夏威夷珍珠港，將美國捲入了太平洋戰場。然而，珍珠港之後日軍的下一步是什麼？當時的日本海軍聯合艦隊司令山本五十六決定在隔年 6 月發起一項奇襲：同時對中途島以及阿留申群島展開攻擊，一說是希望藉此分散美國的兵力。雖然中途島之役的結果是日軍慘敗、太平洋戰場出現黃金交叉，然而日軍在阿留申群島中成功占領阿圖島（Attu）和基斯卡島（Kiska），震驚了美國的社會。

（上）埃達克島上的天然軍港，曾經可以停靠多艘航空母艦！

（下）埃達克島上的美軍宿舍建築群，躺在草地上像極了樂高積木。

「現在日本已經打到我們家門口來了！擁有那兩座島，接下來要一路前進到美洲大陸簡直輕而易舉。我們該怎麼辦呢？」

打開地圖會發現，日軍占領的這兩座島嶼位在阿留申群島的最西邊，然而當時完全沒有料到阿留申會成爲戰場的美軍，最接近的基地設於群島最東邊的冷灣（Cold Bay），距離兩座島嶼超過 1,000 公里，對於美軍的作戰相當不利。因此，若美國打算收復這兩座島嶼，在一座更近的島上建立軍事基地勢在必行。

於是在接下來短短幾個月內，海軍工兵海蜂部隊（The Seabees）來到埃達克島上移山填海，在杳無人跡的偏遠海島上建造了兩座機場，以及足以容納數萬名官兵的軍營，埃達克島瞬間成爲了美軍的一座要塞。以埃達克爲前進基地，美軍終於在日本占領一年之後收復了阿圖島與基斯卡島，結束了這場史稱「阿留申群島戰役」（Aleutian Islands Campaign）的衝突。

埃達克島的繁華，本來應該是要隨著二次大戰的結束而落幕，但誰也料想不到的是，隨著接踵而來的冷戰展開，阿留申群島再次成爲北美洲的戰爭前線，作爲軍事要塞的命運硬生生地被延長了 40 多年，一直到蘇聯解體才結束。

我在空中所看到的那些住宅，是當年美軍建造給官兵家屬的宿舍；至於從安克拉治出發、中停冷灣、終點是埃達克的 737 班機，則是當年運補航線的活化石。這座島上的一景一物，似乎都和它被迫成爲前線的歷史脫不了關係。

身兼四職的

★ ★ ★

斜槓民宿主人

「你是 Jerome 嗎？我是史蒂芬。」

在像是小鎮客運站一樣的機場航站裡，和我通話的民宿主人終於出現在眼前，是個人高馬大、目測 60 多歲卻神采奕奕的阿伯。我上了他的車，往剛才看到那片有點超現實的住宅群裡移動。

「我先把你送去安頓，接著我還要出去工作，之後有空再帶你出去逛逛。」

原來他的身分不只是民宿主人，而是宛如「島主」一般的存在！除了經營民宿，每週兩次飛機降落之前，他還擔任天氣觀測員，將當地的天氣回報給航空公司。等飛機降落卸貨之後，他又搖身一變成為快遞送貨員，將包裹一一送往居民的家中。除此之外，他也負責為通訊公司維護島上的基地台，確保對外聯繫的暢通。

原來在這樣的小島上，斜槓是常態，尤其是像史蒂芬這種從軍事基地時代就居住在此的元老。當時他任職於島上海軍部隊裡的消防隊，擔任隊長的職務，從那時就對島上的一切瞭若指掌。

「有件事情你一定要記得，」史蒂芬離去之前語重心長地跟我說，「你出門的時候一定要確定門有關好。看到附近那些已經開始破裂、傾

從營舍的破窗向外望去，看見被大霧深鎖的島嶼。

倒的屋子嗎？只要門沒有關好，風吹進來的話，房子就會開始出現各種問題。」

　　阿留申群島上的風非常強勁，根據埃達克當地人的講法，最高風速曾經超過每小時 300 公里。要是強風夾帶水氣吹入住宅，接下來的骨牌效應就像細胞壁破掉一樣，房子會逐漸老化而死亡。在埃達克廣大的空屋群裡，可以看到門窗剛破裂的、牆壁逐漸開始變形的，當然，也有已經走到壽命終點、倒塌成為一堆廢鐵的。

我們與核子戰爭的
距離

　　在埃達克的前兩天，由於史蒂芬實在太忙碌，外面天氣又瞬息萬變，我幾乎只能在空屋群散步，天氣變差就打道回府休息。一直到第三天，史蒂芬與他的年輕助手艾爾，終於開著一輛輕型小貨車載著我往島上北邊更神祕的區域移動。一路上，兩人向我介紹了島上的「景點」——更正確來說，是看似普通卻擁有在地軼事的地方：

- **七座通往地獄的大門**：其實是島上存放核子武器的軍火庫。七個巨大的拱形結構一字排開，上面覆蓋著厚厚的土壤；現在內部空無一物，冷戰時期卻存放著核子武器。

- **埃達克國家森林**：一片路邊不起眼的小樹林，範圍不過 100 平方公尺。埃達克島本來完全沒有樹、只有灌木，後來在美軍駐紮期間，某年聖誕節時家家戶戶都獲得一株聖誕樹；等到節日過完，居民將這些樹集中種植在島上幾個地點，其中一片就被戲稱為「國家森林」（National Forest）。

　　接下來，車子翻過幾道山坡，來到北邊的半島，只見眼前湖畔的山坡上有著幾排廢棄營舍，久未維護的外牆褪成暗淡的灰色。史蒂芬熟練地將小貨車停在側邊的一處逃生出口，給了我一盞頭燈，然後我們便像是地底探險一般，打開未完全緊閉的鏽蝕鐵門，往伸手不見五指的營舍裡面鑽去。

根據史蒂芬的說法，這裡在冷戰時期是海軍內部的情報單位所在，與島上其他部隊的生活完全隔絕，官兵平常也不能前往島上其他地方，幾乎只有單身男性在此任職。看似平靜的白令海面下，當年無論美國還是蘇聯，都 24 小時監聽著對方的一舉一動。我們所在的這間營舍，便是這類單位的駐地。要不是因爲史蒂芬的消防隊長身分，當年恐怕也很難走進這裡。

　　營舍裡不只是一間接著一間的官兵寢室，地下可說是萬分精彩——有籃球場兼電影院、郵局、撞球場、不同類型的餐廳酒吧，繞過幾個轉角，我們來到一個牆上寫著「陶藝」的地方。史蒂芬說，當年這裡官兵的福利非常好，擁有各種類型的活動，包括陶藝、木工等可以打發時間。

島上北部的海軍情報單位，與其他人員完全隔絕，是個相當神祕的部隊。

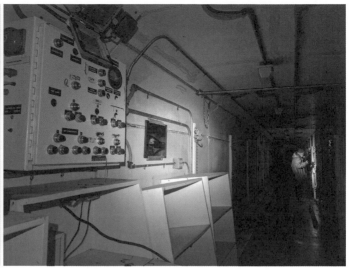

（左）埃達克島營舍中的公共電話。
（右）可以抵擋核子武器的地下防空避難所裡的操作面板。

「畢竟一群臭男人混在一起，能發生什麼好事？總要找點事情給他們做吧！」艾爾的話讓曾經服過兵役的我點頭稱是。

再往後面的山坡上走，我們來到了彷彿是某種古文明留下的圓形巨大結構體，不過當年建造這些設施的不是古文明，而是劍拔弩張的冷戰情勢。史蒂芬指著地上的一個孔說，當年飛彈就從這裡發射，裝上了核子彈頭，就是不折不扣的核武。接著我們又進入附近一座深埋於地底的避難所，光是門就有四、五道，內部侷促的空間裡排列著密密麻麻的臥鋪，另一側有著電腦時代來臨之前的機械式操作面板，控制著整個避難所的運作。

類似的發射台和避難所，附近還有好幾座。雖然它們在歷史上或許從未真的被啟用過，但光是看到美軍竟然能在如此偏遠的地方興建這些設施，還在俄羅斯門口布局了核子彈頭，彷彿隨時可以開戰，就能感受到當年情勢緊張到什麼地步。

陰柔美麗的

★ ★ ★

那一面

作為一座高度軍事化的海島，埃達克似乎充滿了陽剛氣息，但若看看周圍的那些動植物，就能發現其陰柔美麗的那一面。

在島上的許多角落裡，都能見到一種成串的紫色花朵生長著，在總是陰沉的天空下格外顯得引人注目，這種花叫做羽扇豆（Lupine），在台灣還有另一個詩意的名字叫魯冰花。

羽扇豆時常出現在路邊的沙地或田埂上，過去在台灣被作為肥料使用，用來增強土地的肥力，使其他作物生長更加茁壯。台灣文學之母鍾肇政以它來象徵那些在社會底層效力於他人的小人物，並以英文諧音稱之為「魯冰花」，寫出了同名小說。後來吳念真改編成電影，家喻戶曉的同名歌曲也因而誕生。

在島上北部的蛤蜊潟湖（Clam Lagoon）四周，精彩動人的生態實境秀也正 24 小時上演著。湖畔沙灘上住著許多海獺，有時慵懶的躺在沙地上，有時則悠哉地漂浮在湖面上，餓了就直接到湖裡找蛤蜊吃。牠們有點笨拙的面孔配上漂浮時的緩慢律動，不知道為什麼看起來特別有趣味。

島上也有數量不少的馴鹿。這些馴鹿當然不是原生種，而是後來被人類引進的，牠們的存在讓埃達克島近年來成為了狩獵勝地。獵人會來到這裡，向史蒂芬之類的民宿主人租上好一陣子的房屋，每天在島上狩獵。

（上）埃達克島上隨處可見的羽扇豆，又名魯冰花。（下）埃達克島上的鳥類
霸主白頭海鵰。

至於島上的王者是誰，應該非白頭海鵰（bald eagle）莫屬了！白頭海鵰其實是美國的國鳥，也是講到美國時，我們腦袋會首先浮出來的那隻猛禽（所以牠真的不是老鷹，不要再搞錯啦）。

在蛤蜊潟湖附近棲息著不少白頭海鵰，牠們不只會在礁岩上尋找海獺吃剩的蛤蜊，還懂得在溪口虎視眈眈的獵捕鮭魚！史蒂芬說在特定季節，可以看到一大群的白頭海鵰守在溪口，等待游過的鮭魚成為牠們的豐盛大餐。

對了，差點忘了說，阿留申群島可是個熱門的賞鳥勝地唷！由於地處亞洲與美洲之間，有極高的機率同時看到兩邊的鳥種，還有人因此創下「同一地點看到最多鳥種」的世界紀錄。這些賞鳥人同樣會在夏季來到埃達克島，一待就是好幾個禮拜，只為了一睹這些鳥類的真面目。

至於島上最美的地方，無疑是最北端海崖上的一座廢棄的遠程雷達站（LORAN）。要前往那裡必須經過一段長長的泥濘路面，有時可能還得搬開路上的落石。雷達站裡幾座巨大的發電機已經鏽蝕滿布，頗有宮崎駿動畫《天空之城》裡那種後工業風的味道。

我覺得最美的風景則是從這裡往海側遙望，只見眼前一座火山矗立在太平洋岸，山頂不時被雲霧籠罩而顯得神祕；山腳下的海灣呈現出優美的弧線，除了海浪拍岸之外，沒有其他的聲音。安山岩組成的山體上布滿濃密的植物，包含在這裡才能見到的特有種阿留申盾蕨（Aleutian Shield Fern）。

（上）遠程雷達站裡的發電機，雖然已經鏽蝕，30年過去依然大致完好。（下）遠程雷達站附近所見的海岸線，是全島最美的地方。

埃達克的
未來

　　1991 年蘇聯解體，宣告阿留申群島第二次作爲前線的任務結束，接下來短短幾年，人員逐漸撤出，島上的基地也一一關閉。由於將這些物資運離的成本實在太高，當時的物品和機器不少都還留存在島上，而且保留了近 30 年前的樣貌，整座島嶼就像是個巨大的時空膠囊，將冷戰末期的美軍基地景象凍結在此。

　　「這些就是我們島上的『家得寶』（The Home Depot，美國的全國性連鎖家庭裝飾與建材商場）！」史蒂芬半開玩笑地說。這些被留在島上的家具，只要沒有被風雨影響到，即使過了 30 年還是和新的一樣，居民們只要家裡缺什麼，就直接到廢棄建築裡面去尋找。

　　同樣被凍結至今的，還有一座當年號稱全世界最西邊的麥當勞。爲了服務這裡的 5000 位官兵與家屬，美軍在這裡開了一家麥當勞，用運補艦將漢堡、薯條和可樂（或許還有快樂兒童餐的玩具）從美國本土直送到這裡。這座麥當勞雖然招牌已經拆除，在它的得來速購餐車道（drive through）還可以見到當年的價目表，上面的字樣依然清晰，證明了這裡真的曾經是家麥當勞。

　　美軍基地撤出之後的埃達克島，土地權回歸給阿拉斯加的原住民集團，後來曾經設立一座海鮮水產加工廠，但幾年前已經關閉。目前島上最重要的經濟活動，除了來此賞鳥或打獵的人，其實是來自那些受僱於美軍、

（上）埃達克島上的麥當勞得來速車道，價目表上仍然保留著 1990 年代的
品項與價格。（下）埃達克島上許多區域由於高度軍事化的歷史，至今仍有
著高汙染的殘留物，禁止一般人進入。

前來清除有毒汙染物質的包商，他們會向史蒂芬這些居民租借房屋與機具。根據艾爾的說法，這些人大多是三教九流之輩，也是他們最頭痛的訪客。

「我們最期待接待的客人就是像你這種，真心想要來認識這個地方的旅客。」艾爾說。

埃達克的未來究竟會走向何方？在旅程的前半段，史蒂芬一直沒有透露太多訊息。到了旅程尾聲，我卻隱約感覺到了些什麼──

島上原本已經不再使用的油槽，前幾年突然接上新的油管；2019 年，超過 20 年沒有見到部隊的埃達克，首次舉辦了軍事演習，據稱與某國崛起還有北極航道未來開通有關；而在我拜訪當地之前不久，美軍派了人來這邊勘查，研究新的營舍可以建造在何處。

「你猜我為什麼會知道？因為那些官員來勘查的時候，就借住在我的房子。」史蒂芬淡淡地說著，字句間流露著島主的氣勢。彷彿這座島上能夠發生的任何一舉一動，都在他的掌控之中。

第二次世界大戰時，埃達克島因為鄰近日本的占領區頓時成為前線；到了冷戰時期，雖然敵軍換成了蘇聯，埃達克島仍然占據了關鍵位置，繼續作為前線。那麼，美國未來最可能面對的下一場戰爭呢？

沒意外的話，我想埃達克島大概又要再次重蹈成為前線的命運了吧。

阿留申群島旅行實用資訊

　　阿留申群島位在阿拉斯加西南邊的太平洋上，是一連串長達 2,000 公里的群島，交通非常不便。較適合一般遊客前往的島嶼首推烏納拉斯卡島（Unalaska Island），是第一大城市。烏納拉斯卡又稱荷蘭港（Dutch Harbor），人口超過 4,000 人。這裡以阿拉斯加產值最高的漁業著稱，島上有二戰時期的軍事遺跡、適合健行的步道，餐廳和旅館也不少，算是比較親民的島嶼。可以從安克拉治搭乘 Ravn Alaska 這家航空公司的螺旋槳飛機前往，單程飛行時間超過 3 個小時，票價更高達美金 600 元以上。

　　至於本篇中介紹的埃達克島，是目前一般人可以到達最西邊的島嶼。從安克拉治出發，一週兩班的 737 客機中停冷灣，全程約 4 小時，來回票價超過美金 1,100 元，比許多來回北美─東亞的機票還貴！若要省錢，可以考慮用里程換機票，通常會划算許多。

　　埃達克島上食宿的選項極為有限，有數家業者提供住宿，其中一家 Aleutian/Adak Experience 就是本文中提到的史蒂芬先生經營。史蒂芬將部分美軍宿舍整修成可以入住的狀態，提供遊客包棟住宿，還有配備完整廚具的廚房可以煮飯，對旅人來說相當便利！島上亦有不常開張的雜貨店與小餐廳，不過價格高、品項也少，建議可以在安克拉治採購完食材之後直接帶到島上來。

　　島上的旅遊重點，除了本文介紹的軍事遺跡與自然生態之外，由於過去軍事管制的歷史，留下了非常多寬敞易行的道路，很適合想探索的

旅客前來一遊。除此之外，島上亦有高聳的火山，以及南半部的生態保護區，適合野外經驗豐富的旅人前來冒險。

要特別留意的是，由於島上殘留大量的軍事廢棄物還未完全清除，因此許多地區是禁止進入的，看到標示務必遵照指示行動。

阿留申群島地理形勢圖

整個群島長近 2,000 公里，沿著環太平洋火山地震帶分布，由北方的北美板塊與南方的太平洋板塊聚合推擠而形成，內部又可分為六大島群。圖上另標示了第二次世界大戰的阿留申戰役裡美日兩軍的部署地點。

環太平洋火山帶上的阿留申群島

　　阿留申群島的地質和台灣有幾分相似──同樣位在環太平洋火山帶上，也同樣是海洋板塊沒入大陸板塊、擠壓加上火山作用形成的島鏈，一邊是較淺的大陸棚（白令陸棚），另一邊則是較深的海槽與海盆。幾乎可以說是把台灣順時針轉 90 度，就會出現和阿留申群島東部類似的地質剖面。而到了島上，看到安山岩組成的高聳火山，馬上會讓人想到台灣的九份、金瓜石一帶。

　　除了地形之外，以氣候來說，阿留申和台灣有個不可思議的相似之處：年雨量高達 2,000mm 以上！這個數字，在大部分地區相對乾燥的美國來說是誇張的多，也讓阿留申名列全美降雨量最高的地方之一。

　　而在地理分區上，阿留申群島內部被分為六大群島，除了最西邊的科爾多曼群島屬於俄羅斯之外，其他都位於美國阿拉斯加境內。整個島弧長接近 2,000 公里，這些島的面積全部加起來，也只有台灣的一半左右，再加上惡劣的氣候以及生產力不高的土地，這裡的居住人口並不多；俄羅斯殖民開始之前大概只有 40,000 人，分散在這數十座島嶼上；隨著資源逐漸枯竭，殖民者帶來傳染病，以及美國統治之後大量人口外移（包括戰爭期間強制遷離），目前人口只剩下約 8,000 人，其中超過一半住在主要城鎮烏納拉斯卡。

　　整體來說，這裡不是適宜人居之地，但阿留申群島的重要戰略位置，使得它在過去幾十年一直被當成北美的前線──從二次大戰期間反攻日本，到冷戰期間對抗蘇聯皆是如此。按照目前的國際情勢來看，阿留申的重要性可能很快又要提升了吧？

Gambell 村中的清晨。

飛越白令海峽：
聖羅倫斯島

3

　　2021 年 8 月下旬，極圈部落的永晝即將結束，我在阿拉斯加生活的三個月也接近尾聲。雖然當時有機會前往北極海畔參與 Nalukataq 捕鯨慶典，但有另一個讓我心心念念的地方——白令海峽的島嶼，仍在召喚著我。

　　白令海峽位於亞洲與北美洲之間，最窄處不過 83 公里，有幾座有人居住的島嶼，天氣好的時候還能夠肉眼見到俄羅斯！在民族分類上，這些島嶼的居民屬於皮克人（Yupik），和前面介紹的因努皮亞克人同屬愛斯基摩—阿留特語系（Eskimo-Aleut language family），卻擁有不同的語言和文化習俗。

　　這些部落和烏特恰維克一樣擁有捕鯨文化，不過他們最知名的特產，則是利用在地的海象牙雕刻而成的精緻藝術品，部落裡的工匠們是全世界技術最頂尖的海象牙雕刻家。這些作品要價不菲，但在阿拉斯加許多博物館裡都能看到，精緻度令人印象深刻。

　　另一個吸引我的地方，是這些部落與鐵幕另一端的距離。由皮克族人分布在白令海峽的兩側，原本他們能夠輕易透過船隻來往，然而當冷戰鐵幕豎起，兩邊的族人就斷了聯繫長達幾十年的時間。這種情況讓我想到同年代的海峽兩岸，特別是福州與馬祖、廈門與金門之間，那種明明近在咫尺、屬於同一個文化圈，卻因為政治因素而難以相見的歷史。

我最想拜訪的戴奧米特島（Diomede）因疫情因素不接受訪客，於是轉往位在聖羅倫斯島（St Lawrence Island）最西邊，與俄羅斯只有幾十公里之遙的部落 Gambell。從安克拉治只要搭一班大飛機到白令海峽區的主要城鎮諾姆（Nome），接著轉乘小飛機，大約一個小時就能夠到達。看起來應該不是太困難的旅程吧？

但事實證明，我錯了！這段旅程能否完成，完全是老天爺說了算。

當我來到諾姆的區域線小型飛機候機室時，窗外正飄著雨，天色陰沉灰暗，櫃檯人員就告知天候不佳，不知道是否能起飛，請我在旁邊等待消息。而在候機室另一角落的簽派員（dispatcher），身邊的電話響個不停，不斷更新附近機場的動態，來決定航班的動向。接下來果不其然，我原本預定的班機被取消了，改成中午的班機。

在這片天氣詭譎多變的區域裡，功能有限且只能目視起降的小飛機，終究還是得聽老天爺的安排。四周除了當地居民之外，還有幾位任教於島上學校、準備返校開學的老師們，各個都老神在在，彷彿這些對他們來說都是家常便飯。但還是有少數乘客因為航班取消而情緒激動，在候機室裡大鬧了起來。

原來當天早上在島上有一場葬禮，一批乘客前晚剛從安克拉治飛來，希望能夠搭乘早班機趕到島上向先人做最後的告別；但久久不散的濃霧和雨點澆熄了他們的希望，只能原路返回安克拉治。

在阿拉斯加沒有「人定勝天」這種事。科技再怎麼進步，遇到人類無從抵禦的大自然力量，終究只能低頭。

　　中午的天候依然不佳，班機再次被取消，直到傍晚，簽派員那邊傳來島上風雨稍微平息的消息，航空公司才利用這難得的時機，同時派了一架 9 人座、一架 20 人座的飛機，將我們這些在諾姆等了一整天的乘客，以及大包小包的行李，一口氣全部載送到聖羅倫斯島。

飛往聖羅倫斯島的小飛機，完全靠目視起降，能否飛行完全是由老天爺說的算。

降落之後

　　Gambell 位在聖羅倫斯島的一片礫石灘上，周圍幾乎完全沒有植被，也沒有穩定的路基，村民的交通工具全是沙灘車，像是人類在外星球上建立的探勘基地。飛機即將降落之際，數十輛車子從村內四面八方竄出，在礫石灘上劃出像沙鈴般「刷刷刷」的聲響，準備到停機坪接應他們的家人與貨物。

　　Gambell 居民大約 600 人，整個村子裡只有一條重要道路，從一端到另一端依序為教師宿舍、雜貨店、診所、招待所、郵局、教堂與學校。主動跑來帶著我逛的當地人是 11 歲小男生麥克，以及他的弟弟。和台灣原住民的情況類似，這裡的孩子們同時有著族語名和英語名，而麥可也很大方地向我介紹自己的兩個名字。可惜的是，我竟然忘記將他的族語名字寫下來。

　　還在逛著的同時，部落裡舉行的喪禮正好結束，長長的沙灘車隊載著先人靈柩與送葬隊伍，在部落四周繞了一圈，氣氛十分凝重。繞完圈之後，送葬隊伍便離開村莊，往後方山上的墓園前進──對他們來說礫石灘上的聚落是居住的地方，而後面的山則是屬於自然，也屬於先人的地方；先人的離開，也就是從人類的居所，回歸自然。理解這個概念的當下，我被族人們的世界觀深深觸動。

　　「我們村子裡之後就會有 AC 了！」麥克帶我逛村子時興高采烈地說，而我聽得一頭霧水。

　　AC 是什麼，空調（Air Conditioner）嗎？緯度這麼高的地方，怎麼會需要空調？我抱持著每次進入一個新文化時採用的策略：聽不懂的就先記著，也許後面就會找到答案了。

（上）Gambell 的雜貨店，居民的交通工具是沙灘車。（下）主動跑來帶我逛村子的男孩麥可與他的弟弟。

往外一看，

★ ★ ★

就知道飛機不會來了！

週日早晨，我來到教堂參加禮拜。這座教堂是整個部落設備數一數二新穎的建築，然而 600 人的部落裡，只有 10 多人來到這裡做禮拜，其中泰半來自同一個家庭。

如此偏遠的小鎮教堂裡沒有牧師，族人自己用簡單的禱詞、詩歌和宣講完成整個儀式。他們的祈禱很簡單卻也很真誠：生活很苦，但神是他們的希望。在這個資源缺乏、多數人教育程度不高、沒有工作機會的島上，這樣的呼求聽起來特別懇切。

即使資源缺乏，會後他們還是邀請我留下來喝杯咖啡、吃些他們準備的食物。如同島上其他地方所見，一切都很簡單，不像我習以為常的美國。一聽到我來自台灣，他們便開心地告訴我，多年前在這裡任職的一位林牧師就是台灣人！這個連結讓我們更有話聊，我還因此看到了他們在天氣晴朗時從島上遠眺俄羅斯的照片。

「你會在島上待到什麼時候？」

「今天，等下就要搭飛機離開了！」

「啊，看這天氣喔，你今天八成是走不了了啦！」

原本我的計畫是在 Gambell 停留一個晚上，畢竟那簡單老舊（基本上就只是給你一張床睡覺而已）的招待所，光是住一個晚上就要價美金

150 多塊，停留更久的話，實在吃不消！然而，就像前一天的班機一樣，順利起飛是老天賞臉，取消或改動才是日常。飛機能否起降的關鍵，是駕駛員能否目視起降，因此村民們都知道：只要從村子裡看不到某個地標，就表示飛機不會來了！

事實證明他們是對的，很快地我便意識到自己得在島上多滯留一個晚上。手機沒訊號的我當下整個人慌了，幸好有和我一起飛來的阿拉斯加女生 Kira 相助，讓我能夠和家人報平安、向公司請假，並且聯絡航空公司將銜接的班機改到隔天。

遠眺 Gambell，天氣極佳時後方可以見到俄羅斯。

好山好水，
生活卻是艱難

　　說到 Kira，其實前一天還被困在諾姆的候機室時，我們就已經閒聊過。她來自另一個阿拉斯加的部落，和其他乘客不一樣的是，她手邊帶著的不是行李或日用品，而是好幾箱食材和物品。原來她到聖羅倫斯島是來出差的，任務是要舉辦一場宣導自殺防治的烤肉活動。

　　在啟程之前，我就已經耳聞阿拉斯加原住民部落的高自殺率。照理來說，這裡好山好水，心情煩悶時看看大自然便心曠神怡，而且人與人的關係又緊密，應該更不會感到孤獨才對。究竟這些部落裡為何自殺率偏高？

　　一個很直觀的答案或許是「日照時間太短、冬天容易憂鬱」，但這個理由卻無法解釋同樣在高緯度地區，原住民的自殺率是非原住民的兩倍、美國其他地區的三倍。

　　這個問題並沒有單一、肯定的答案，但許多文章指出它和跨越多代的負面經驗（generational trauma）有關，像是：肢體暴力、言語暴力、性侵害，而這些負面經驗可能還連結到原住民過去受到外來者殖民統治、剝奪文化認同，產生對於自我的不確定感。

　　當這些負面經驗碰上了當地資源缺乏、求助無門的情況，自殺率便很難下降——想像整個部落就那幾百人，大多數都是熟悉的面孔，就算對外求助也緩不濟急，更何況手機還不時會斷訊！

聖羅倫斯島上的村落 Gambell 一景。

　　這正是為什麼 Kira 得大費周章的將幾百人的飲料、食材和獎品運到島上來，就為了吸引民眾來參加這場自殺防治活動。那天在活動現場，只見她熟嫻地主持著團康活動，透過經驗分享，讓村民知道自己並不孤單，並且不厭其煩地重複著身邊有哪些可以利用的求助資源。

　　後來我才意識到，世界各地的原住民其實多少都面臨著類似的問題，而這些結構因素導致的困境並非一夕之間所能改變的。但在阿拉斯加看到這些默默努力的人們，我彷彿看到雲霧深鎖的白令海峽上，透出了一線陽光。

釣魚的村民

與建造超市的包商

那天下午，幾乎整村的男性都來到北側的海灘上釣魚。眾人各自騎著沙灘車來到海邊，在圓弧形的海岸線上「呈釣魚隊形散開」，便各自靜靜地等待魚兒上鉤。這項活動與其說是休閒，其實更像是生存必需，因為前一天參觀島上唯一一家雜貨店的時候，我就已經明顯感覺到當地的生鮮食材有多麼匱乏。

不過，這個情況可能很快就將有所改變，這要從我在招待所裡與另一組前來聖羅倫斯島上做工程的包商住客談起。

「我們要在這裡興建 AC 超市，前幾個月已經先用貨輪把建材運過來，再過幾個月後，這家超市就會蓋起來。」包商大叔這麼告訴我。在阿拉斯加包工程的他們，不時要前往像聖羅倫斯島這種極其偏遠、天氣一變差便與世隔絕的地方，在那邊待上幾個月，直到工程完工。

「所以，原來昨天麥克說的 AC 是間超市啊！」我頓時恍然大悟。

聽到部落中將出現這種現代化超市，我們的反應或許是「啊，資本主義終於要入侵這片淨土了！」然而，包商大叔的看法卻不一樣：

「我在阿拉斯加興建過那麼多間超市，從來沒有一間導致原本部落裡的雜貨店倒閉！」大叔自信滿滿地說。在他的觀點中，部落雜貨店與超市

兩者的功能原本就不盡相同，而超市也只不過是提供給居民另一個選項罷了。

「等到有了AC，這裡的人們就可以在島上買到新鮮的牛奶與蔬菜！」

這樣樂觀的態度，與麥可的興奮不謀而合。

從外地人的角度來說，我們或許會希望部落永遠不要改變，繼續以原有的方式生活；然而，在外部世界都能夠享有現代資源、生鮮蔬果是基本民生需求的現在，我們又有什麼立場要求村民們，不去期待聚落裡出現一家像樣的超市呢？

（左）週日下午全村都跑到北邊海灘釣魚。（右）Gambell 村裡的雜貨店。

集會所的
週日夜晚

意外滯留島上的那個週日夜晚，部落成員來到集會所，一起吟唱傳統歌謠並搭配舞蹈。據說在不少由皮克部落裡，這是每個週日晚上都會舉行的固定活動，儼然是整個部落的家庭聚會。

集會所是一層樓的木造平房，村民們依著牆邊圍成一整圈，裡面有帶著幼兒的媽媽、從頭到尾都在低頭滑手機的青少年，也有遠道而來的部落成員家屬。

集會所的前方是負責吟唱與打鼓的男性成員，中央則是一起跳舞的女性。沒有歌詞、沒有樂譜、沒有動作指導，孩子們就這樣跟著大人唱或跳，直到這些旋律或動作烙印在腦海中，等到新的一代起來，這些傳統也就自然的延續下去。你能想像這些沒有文字記錄、沒有成文規範的藝術，就是這樣透過有樣學樣的方式，一路傳承了數百甚至千年以上嗎？

我想起前往聖羅倫斯島之前，我在世界愛斯基摩—印第安人奧林匹克運動會（World Eskimo-Indian Olympics）上聽到的致詞：

「我們曾經被告知：這些音樂和舞蹈是不好的、是邪惡的，甚至曾經被禁止進行這些活動！然而這些仍然存在我們的記憶中，我們不會忘記，現在我們繼續維繫這樣的傳統。」

（上）週日晚上的集會所外，停滿了家家戶戶的沙灘車。

（下）週日晚上的集會所。

在阿拉斯加這片大地上，從俄羅斯到美國、從淘金到挖石油、從打壓到復振原住民文化、從依賴捕鯨維生到即將擁有一家現代超市，周遭的世界不斷在改變，而部落面臨的挑戰也依然存在。然而，就在每週日晚上的集會所裡，來自祖先的歌謠與身體律動，一次又一次的被重複著，證明著還有一些東西是持續不變的，那是生生不息的世代傳承，以及外力難以破壞的文化傳統。

那個夜晚，我加入了他們的舞蹈行列。雖然完全不懂箇中意義，動作看上去十分笨拙，但在每一個踏步、舉手、畫圈、搖擺之間，我這個來自太平洋另一端的不速之客，似乎和他們找到了另一種共鳴的方式。

（上）週日晚上部落集會所中的吟唱與舞蹈，男性負責吟唱傳統曲調，並且以木桿敲打鼓皮製造節奏。（中）男性伴奏的同時，女性則隨著節奏舞動。年輕的一代跟著長輩跳著，自然就學會並傳承了傳統舞蹈。（下）偶爾出現男性加入舞蹈，動作有時會融入當地生物的形象。

夏洛特阿馬利亞街景，街道的盡頭就是大海。

加勒比海風情的美國：
維京群島

4

時間大約是上午 11 點，太陽已經接近天空頂端，我沿著機場旁的一條雙線馬路走著，不一會兒就感覺到汗水一滴滴地流了下來；雖然氣溫不及攝氏 30 度，滿身的濕黏感卻已襲來。

「喔～天啊！這個潮濕的程度！我是不是回到台灣了啊？」

那是我抵達維京群島中的聖托瑪斯島，走出首府夏洛特阿馬利亞（Charlotte Amelie）機場後的第一個感覺。

————————

CP 值高的
「國內旅行」

2021 年 10 月底，COVID-19 疫情仍然嚴峻，國際旅行仍然相對困難，於是我決定要來挑戰「國內旅行」的極限，前往美國境內那些不和本土相連，而且文化上也不像本土的地方。

今天的美國，共有 5 塊有平民居住的「海外領地」（oversea territory），散落在太平洋與大西洋上，可以將它視爲殖民統治的遺留——它們因爲歷史因素成爲美國的一部分，後來在去殖民化的過程中也未獨立，以比較特殊的地位，作爲美國的領土存在。換句話說，只要前往這 5 個地方，都不算是從美國出境，但卻能夠享受十足的異國風情。這些海外領地分別是：

- 波多黎各 Puerto Rico
- 美屬維京群島 US Virgin Islands
- 美屬薩摩亞 American Samoa
- 關島 Guam
- 北馬里亞納群島 Northern Mariana Islands

這些屬地中，前兩者位在加勒比海，後三者則位於太平洋。當時還沒去過加勒比海國家的我，一離開阿拉斯加，便決定接下來要拜訪美屬維京群島，作爲前進加勒比海的第一站。

美屬維京群島重要地點

該群島由三大島嶼以及多座離島組成。

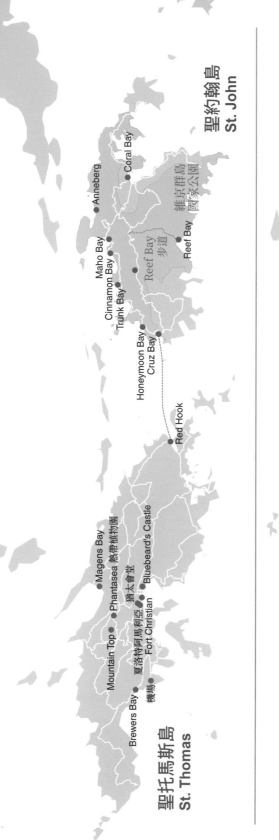

聖托馬斯島
St. Thomas

Brewers Bay
機場
Mountain Top
夏洛特阿馬利亞
Fort Christian
猶太會堂
Magens Bay
Phantasea 熱帶植物園
Bluebeard's Castle

Red Hook

Honeymoon Bay
Cruz Bay
Trunk Bay
Cinnamon Bay
Maho Bay

Reef Bay
步道

Anneberg
Coral Bay

維京群島
國家公園

Reef Bay

聖約翰島
St. John

聖克洛伊島
St. Croix

Point Udall
Isaac Bay

克里斯琴斯特德
Christiansted

Hay Penny Beach

Salt River Bay

機場

Cane Bay

St. George Village
植物園

Rainbow Beach

弗雷德里克斯特德
Fredricksted

Sandy Point

在豔陽下走了大約 2 公里之後，我終於來到通往市區的主幹道，並且搭上前往市區的大眾運輸工具。美屬維京群島最常見的一種交通工具叫做「Safari」，它是經過改裝的敞篷小貨車，後面加上了成排的座椅和頂棚；車輛開動的時候，帶點鹹味的海風很自然地吹了進來，可說「自帶綠能空調」。

作為美國唯一的左駕地區，等車的時候當然得來到道路左側。上車時其他乘客（大多為非洲裔面孔）看著我，彷彿疑惑著「怎麼會有觀光客突然從這裡上車？」短短 2 公里的路程，這輛 Safari 走走停停，很快就來到首府夏洛特阿馬利亞。

聖約翰島上的大眾交通工具 Safari ，由小貨車改造而成，後方座位為開放式，開車時涼風便自然吹來。

加勒比海的國家與屬地

當地現今雖有多個獨立國家，許多地區
到現在仍是歐美國家的海外屬地。

- 獨立國家
- 美國屬地
- 英國屬地
- 荷蘭屬地
- 法國屬地

英屬維京群島

美屬維京群島

波多黎各

聖克里達修斯

聖克里斯多福及尼維斯

安奎拉

聖馬丁（荷、法）

聖巴瑟米

安地卡與巴布達

瓜地洛普

沙巴

蒙哲臘

多米尼克

馬丁尼克

聖露西亞

聖文森與格瑞那丁

格瑞納達

巴貝多

千里達與托巴哥

巴哈馬

古巴

牙買加

海地

多明尼加共和國

阿魯巴

古拉索

波奈

哥倫比亞

委內瑞拉

★ ★ ★

夏洛特阿馬利亞

維京群島聖托瑪斯島主要城市夏洛特阿馬利亞的主街，兩邊都是殖民建築改建成的精品店。

夏洛特阿馬利亞散發著濃濃的殖民商港風味。從地理大發現時代開始，包括美屬維京群島在內的西印度群島，很快就成為歐洲強權爭相插旗的熱點。經過幾次的轉手更迭，今天的美屬維京群島成為丹麥的殖民地，一直到 20 世紀初、第一次世界大戰之際，美國意識到有必要在加勒比海地帶增強自己的勢力，於是從丹麥人手中買下了這幾座島嶼。

雖然夏洛特阿馬利亞成為美國海外領地已經超過一個世紀，今天仍然存留著斯堪地那維亞的印記，像是過去衛戍首府的軍事堡壘克里斯琴堡（Fort Christian），其名稱就是北歐地區常見的人名。這座堡壘規模不大，漆成暗紅色的外牆是特色，和對街的美屬維京群島議會一起守護著這個當年人口不過數萬的領地。

日正當中的正午，擁有厚實外牆且不太開窗的堡壘，正好讓人躲避毒辣的豔陽。和許多地方的堡壘結構類似，地面以上部分是殖民者居住、工作的地方，不但寬敞明亮舒適，裡面還有一間禮拜堂。然而，位在正下方的地窖，卻生活著另一群人：來自非洲的黑人奴隸。

在跨大西洋奴隸貿易盛行的時期，無論是在非洲等待坐上船隻飄洋過海，還是到了殖民地待價而沽，他們都被迫在這幽暗、密閉且擁擠的空間中待上好一段時間，不只環境惡劣，更可怕的是，他們完全不知道會在這裡待多久，更不知道未來自己的命運會是如何。

這座古蹟博物館的地窖裡擺設了一些簡單的展示，讓人想像當年奴隸渡海的旅程與不見天日的生活。讓我印象最深刻的是，展覽中也提到了遠在大西洋另一端、位在西非貝南海岸上的「無歸之門」（Gate of No Return），一個我曾經親自到訪的地方。遠在大西洋兩端、相隔數千公里遠的兩座堡壘，串起的卻是同一群人的故事、同樣悲慘的歷史。

夏洛特阿馬利亞街景，住宅大多為平房並擁有陽台。

　　回到夏洛特阿馬利亞，主街上的店面與雕花的窗戶樓台，都是在美國本土難以見到的景色。值得注意的是，不少街屋都有著超過一輛馬車寬度的木造大門，看起來像是童話繪本裡大航海時代的歐洲商人所建造的倉庫，見證著這裡曾經作為貿易商港盛極一時的地位。

　　有趣的是，這些街屋現在仍然是貿易重鎮，只不過貿易對象變成了遊客，尤其是那些坐著大型郵輪遠道而來的；免稅店裡的首飾、化妝品與手工藝，就是為了他們而存在，而這些店家也是群島上少數有冷氣全天候吹送的地方。

　　雖然過去的殖民者是丹麥人，但實際住在這裡的居民，什麼國籍都有，這也是為什麼這裡不只有丹麥人信奉的基督新教路德宗教堂，堅挺壯觀的天主教堂，和隱藏在市區一隅的猶太會堂也沒有缺席。來自整個大西洋的面孔，在這座小小的海港交會，便是當年殖民時代的樣貌。

山頂之旅

「你要去山頂？」司機問。

山頂（Top of the Mountain）是聖托瑪斯島的最高點，海拔約 400 公尺，網路上說這裡可以將四周海島的美景盡收眼底，是個「必遊」（must-see）的地點；只不過這裡距離市區有好一段距離，又是上坡路，除了坐車之外，別無他法。遲遲找不到人拼車的我，最後只好自己包一輛車上山。

「要是你早幾年來，要找車上去是很容易的！」上山的路上，司機說道：「那時候這個港口可以同時停三艘郵輪，一下子就是幾千人下來，想上去山頂的遊客多的是！」

那麼，後來究竟發生了什麼事情呢？先是 2017 年的瑪莉亞颶風，重創了加勒比海區的許多海島，連帶影響後來幾年的觀光人口；其次當然是 COVID-19 疫情，讓原本相當熱門的加勒比海郵輪整個停擺，也讓美屬維京群島喪失了最重要的遊客來源。

旅遊業的蕭條，在山頂的紀念品店也能略知一二。可以容納百人的空間裡，遊客只有小貓兩三隻，整家店顯得有些冷清。一走到戶外，陣陣涼風襲來，居高臨下，看到的海面彷彿靜止一般，白色的遊艇點綴於其上，再配上島上濃密的熱帶叢林，完全是想像中的加勒比海島嶼風景！

當夜我住宿的 Airbnb 位在有些陡峭的山頂上，技術高超的計程車司機硬是穿過幾道陡坡，將我載到無法前進為止。我在蟲鳴聲中順著沒有路燈的巷道，半信半疑地往訂位記錄上的地址前進。終於在一處視野極佳的山巔，找到了預訂的 Airbnb 順利入住。經歷一天的折騰之後，洗起冷水澡感覺特別爽快。

聖托瑪斯島上最高點（山頂）的風景。

★ ★ ★
聖約翰島

「今天是週六，沒有公車！」

我在第二座島嶼聖約翰島的旅程，竟然是用這樣的噩耗展開！

有了前一天的經驗，我在前往聖約翰島的前夜做足了功課，仔細查詢大眾運輸的路線，並且反覆確認能夠銜接的時間，還暗自慶幸，這座島終於有公車可以搭了！沒想到公車只有週間運行，只好再次多花點錢包下一整輛 Safari，往目的地的步道口前進。

聖約翰島是美屬維京群島三座島嶼中面積最小的，卻擁有最大面積的保護區，美屬維京群島國家公園（US Virgin Islands National Park）有大半面積坐落於這個島上。貫穿島上的公路大致上沿著稜線前進，因此步道入口位於最高點，從 Safari 下車之後便是一路下行。兩邊是樹種非常多元的闊葉林，動植物比美國本土多數地方豐富許多，甚至接近步道終點的海灘時，還會見到寄居蟹在路上爬！

在歐洲人將黑人奴隸大舉輸入加勒比海的時代，這裡最重要的農業經濟活動是生產蔗糖。無論是種植、採收甘蔗，還是在糖廠中將甘蔗榨成汁，透過多次的熬煮，讓糖水足夠濃稠形成結晶，這些工作都需要人工，尤其是在糖業還未機械化的年代更是重要。現今聖約翰島上還保留了不少當年的糖廠，大多已經成為斷垣殘壁，但從遺跡中仍然可以清楚看到原本的結構，藉此了解當年的製糖流程。

作為遊客的我，走了幾小時的路就已經揮汗如雨，想必那些整天在豔陽下勞動或是在糖廠中忍受高溫工作的非洲奴隸們，經歷的恐怕是地獄一般的環境吧？當年歐洲上流社會人士享受著下午茶的小確幸時，或許沒想過，那其實是大西洋另一端，許多人的生命與血汗換來的。

步道的終點是海灘，沙子的顏色潔白到有點不現實，而一旁的大海則顯現出在別處看不到的靛藍色，讓人不由自主地想跳入其中。我選擇坐在沙灘邊的樹叢裡，讓枝葉稍稍遮蔽正午的陽光，一邊獨自享受著這片無人的海灘。

（上）聖約翰島上的糖廠遺跡。（下）聖約翰島上的糖廠遺跡，圖中圓形結構就是以前放置大鍋，將甘蔗汁熬煮使糖結晶的地方。

聖約翰島上的夢幻海灘。

甘蔗、蘭姆酒
與殖民經濟

　　加勒比海曾經是生產蔗糖的重鎮，而製糖業也催生了另一項副產品蘭姆酒（Rum），這兩者之間究竟有什麼關係呢？

　　一根甘蔗裡面所含的主要成分包括：水、糖與糖蜜（molosse）。糖蜜是一種黑褐色的碳水化合物，通常在製糖過程中會和糖結晶分離開來，要是沒有完全分離出來，就會使糖呈現棕色，也就是我們所熟知的黑糖。

　　分離出來的糖蜜可以作為調味品使用，不過它還有另一個經濟作用價值更高的用途：經過發酵與蒸餾，就可以生產出高品質的蘭姆酒。在跨大西洋三角貿易的年代，蘭姆酒也是從美洲運往海洋另一端的重要商品之一呢！

　　這是為什麼加勒比海向來以蘭姆酒聞名，最著名的調酒鳳梨可樂達（Piña colada）也是使用當地出產的蘭姆酒製成。在聖約翰島遊客熙來攘往的渡船碼頭邊，好幾家店都提供這種調酒，一整天的玩樂後登船離島之前來喝上一杯，正好為一日遊畫上完美的句點。

　　聖約翰島無論是距離聖托瑪斯島還是更東邊的英屬維京群島都不遠，跳島行程相當容易。不過，我拜訪時正值 COVID-19 疫情期間，前往英屬島嶼牽涉到繁雜的檢疫規定，看似近在咫尺卻難以前往。

★ ★ ★
聖克洛伊島

聖克洛伊島東邊人跡罕至的海灣。

結束前面兩座島嶼的行程之後，我坐上小飛機，看了令人讚嘆的加勒比海美景前往聖克洛伊島，準備在那裡度過四天「數位遊牧」的生活，以半工作、半旅行的方式在島上停留。

　　作為群島的一部分，聖克洛伊島是美屬維京群島裡的「異類」——從歷史來說，這裡在丹麥之前曾經先被法國殖民，就連聖克洛伊這個名稱都是來自法語（Sainte-croix，指聖十字架）；以距離來說，它位在聖托瑪斯島、聖約翰島南邊 50 多公里處，比英屬維京群島還要更遙遠；而就地貌來說，聖克洛伊島不像前述那些島嶼多是面積狹小、地勢崎嶇的火山島，而是廣闊平坦的珊瑚礁島，面積也是維京群島中最大的。

　　這種與眾不同的地貌也影響了它的產業活動。來到聖克洛伊島你會發現，這裡的土地被分割為一塊塊的莊園（Estate），殖民時代就是以這些莊園為單位進行生產活動。即使到了今天，莊園的輪廓仍然清晰可見，並且迫使島上的公路必須繞道而行。

　　因此在島上開車，突然來個 90 度大轉彎是常有的事情。維京群島是靠左駕駛，但是車子的駕駛座卻和右駕國家一樣設在左邊，因此剛剛抵達的時候，我開起車來心驚膽跳，遇到轉彎還會一時反應不過來到底該靠著哪一側行駛。

　　比起前兩座島嶼，聖克洛伊島上更難感受到遊客的存在，比較像一般人居住的地方。接下來幾天我白天在民宿裡面遠端工作，早晚有空閒時則開著車在島嶼四周晃晃，尋找風景優美的地方。

建國大老的
年少時期

聖克洛伊島上有兩座主要的城市：克里斯琴斯特德（Christiansted）和弗雷德里克斯特德（Fredricksted），-sted 字尾是斯堪地那維亞語言中城鎮的意思。雖然說是城市，其實就是人口數千人的小鎮，走在其間，比台灣的特色小鎮還要悠閒得多。

兩座城鎮都是殖民時期建立的港口城市，各有一座壯觀的堡壘正對著大海，抵禦外敵的入侵。鎮上的街屋有著拱廊與騎樓，裝飾雖不繁複卻顯得優雅，有點類似淡水領事館與洋行林立的風景。值得一提的是，前幾年因為音樂劇而備受矚目的美國開國元勳亞歷山大‧漢彌爾頓（Alexander Hamilton），年少時期就是在克里斯琴斯特德長大。

漢彌爾頓的母親來自尼維斯（Nevis），她和第二任丈夫生下了漢彌爾頓，後來遭到丈夫遺棄之後，便帶著漢彌爾頓兄弟倆移居到這裡。

漢彌爾頓在克羅伊島上的日子可說是多災多難：母親病故後，由於前夫爭奪財產，除了幾本書之外什麼都沒拿到。扶養他們兄弟的表哥後來自殺身亡，就連漢彌爾頓的哥哥後來都因病去世。很難想像一個青少年，在短短幾年間竟要連續承受這些巨大的痛苦。

（上）克里斯琴斯特德街景。（下）克里斯琴斯特德主街，看起來是不是和淡水有幾分相似？

（上）聖克洛伊島主要城
市之一弗雷德里克斯特德
的堡壘，弗雷德里克堡。
（下）弗雷德里克堡曾經
戍衛著這座海港。

　　然而，這段時間也是漢彌爾頓嶄露頭角的時刻。當時加勒比海的各
個殖民地貿易往來頻繁，商店裡隨便都是十幾種貨幣，但他總是有辦法
將帳目算得清清楚楚；沒太多機會受教育的他，還自學了好幾種語言。
而最後讓他聲名大噪的，則和聖克羅伊島的颶風襲擊有關。

　　位在大陸東岸的加勒比海島嶼是颶風盛行區，一次令人驚恐的颶風
來襲之後，漢彌爾頓以文字記錄了那段驚心動魄的經驗，並且稱之為上
帝給人們的刑罰。這篇文采不凡的作品很快受到矚目，最後讓他在有心
人士資助下前往美國本土留學，也開啟了後來作為美國建國大老的精彩
人生。

維京群島的

★ ★ ★

西印度料理

　　在聖克羅伊島停留期間，我幾次在傍晚跑到克里斯琴斯特德鎮上漫步，感受悠哉的殖民海港氛圍，但讓人最驚豔的，卻是當地的美食。

　　西印度群島一直是文化交匯之地，因此美食也展現出五湖四海混雜的多元風貌。日常料理常見以白飯爲底，搭配受到印度文化影響的咖哩，或是藉地利之便的海鮮主食，簡簡單單的搭配就是一餐。即使貴爲島上第一大城鎮，克里斯琴斯特德也只有幾家家庭式餐廳，在沒有空調、頗具年代感的平房裡，在昏暗的燈光下賣著晚餐，比台灣巷口的自助餐店還要接地氣。

　　最後一天晚上，我終於得以品嚐了維京群島的招牌料理：鍋魚（pot fish）。這種魚因爲過去常用鍋子撈捕而得名，整條新鮮的魚用類似紅燒醬汁的方式料理，搭配洋蔥與甜椒，讓口感變得豐富有層次。搭配鍋魚的招牌菜叫做福吉（Fungi），是以秋葵、玉米粉與水煮成，類似馬鈴薯泥的主食，和鍋魚的醬汁搭配，讓整頓飯不只有變化，也更有飽足感。

在克里斯琴斯特德小店吃到的鍋魚，為了這道菜等了一個多小時，但是真的超好吃！

飯後天色已暗，我在港邊的棧道上面走著，看著街上的燈火反射在水面上，隨著海浪輕輕蕩漾。入夜後氣溫降了下來，迎面襲來的微風不只帶來涼意，還拂動了海水拍打著岸邊。視覺、聽覺與觸覺三合一的體驗，讓忙碌了一整天的我終於能夠慢下腳步，融入加勒比海愜意的日常律動之中。

克里斯琴斯特德夜景，聖克洛伊島上少數有夜生活的地方。

聖胡安夜間的景色，舊城區緊鄰著海灣。

血液中流著音樂：
波多黎各

到達波多黎各的第一個夜晚，我走在聖胡安（San Juan）老城區裡，享受太陽下山後海風送來的陣陣涼意。偶然經過現存全美最古老的教堂施洗者聖若望主教座堂（CatedralMetropolitanaBasílica de San Juan Bautista），前方一片小小的公園綠地上，傳來一陣微弱、拍子有點不穩、不時被車聲所掩蓋的吉他聲。聽不清楚吉他主人的歌聲，我只能豎起耳朵，仔細聆聽和弦，嘗試分辨正在彈奏的是什麼音樂。

Bm - G - D - A - Bm - G - D - A - ……

這熟悉的和弦進行，不就是前幾年紅遍全球、長踞YouTube MV 觀看數第一的雷鬼動神曲〈Despacito〉嗎？

這首傳遍大街小巷的歌曲，不同國家的人都能哼上一小段，但似乎很少人知道，這首歌本身、這種音樂類型，還有那天生流淌在歌手血液中的律動元素，其實都和波多黎各以及聖胡安這座城市脫不了關係。

波多黎各
到底是不是美國？

　　美國居民對於波多黎各其實並不陌生。作為美國海外領地，它向來被視為「不用護照的異國度假海島」。即使居民說的是西班牙語，卻擁有和美國完全不一樣的歷史，以及本土見不到的加勒比海風情。因為屬於美國領土，美國人不需要「出國」就能來這裡旅遊；同樣地，波多黎各居民不需要任何許可或出入境程序，就可以自由前往美國本土工作和定居。

　　然而，波多黎各與美國的關係，絕對不是簡單一句「神聖不可分割的一部分」就能交代。

　　1898 年，西班牙在美西戰爭中戰敗。當時他們在美洲僅剩的兩塊殖民地──古巴與波多黎各，前者在美國要求下被允許獨立，後者則被納入美國麾下。被殖民了好幾個世紀的波多黎各人，原本以為美國人能改變這座島嶼的命運，誰知道，卻是另一場噩夢的開始。

　　被納入美國之後的波多黎各依然窮困，經濟發展與工業化程度遠遠不及美國。語言和文化的隔閡，使得波多黎各人感受到的是歧視，以及二等公民般的待遇。這導致激進的波多黎各獨立運動在 20 世紀上半持續發展，而美國則積極壓制。最後越演越烈，導致 1950 年美國總統杜魯門（Harry S. Truman）差點就在辦公室裡被波多黎各激進分子刺殺成功。

　　在這場槍擊事件之後，美國政府終於積極回應波多黎各的要求，並於 1952 年舉行波多黎各新憲法公投，確立波多黎各以自治邦（Commonwealth）的形式存在美國境內。在那之後，波多黎各的情勢開始穩定下來，經濟發展漸漸追上美國本土，維持現狀的聲音也成為社會主流。

　　時至今日，由於波多黎各並非美國的一州，因此無法選舉國會議員，也無法參與總統選舉。然而，無論在政府體制、地方選舉制度還是稅務上，波多黎各都是所有美國海外領地中最接近「州」的一個。未來究竟該維持現狀、成為美國的一州，還是尋求獨立？至今仍然是公投出現的熱門議題，投票結果則依命題設計而異。在可預見的未來，想必波多黎各還是會以目前的狀態，繼續存在美國的地圖上。

Castillo de San Cristóbal，聖胡安老城區旁的兩座堡壘之一，右後方的圓頂是波多黎各議會所在。

波多黎各重要地點

除了主要大島波多黎各之外，還有原為西班牙殖民地、後來併入美國領地的庫萊布拉與別克斯兩座較大離島。

聖胡安舊城區，被漆得鮮豔的建築。

雷鬼動的

魅力

　　雖然波多黎各在美國境內如此邊陲，但音樂卻是它文化中極其重要的一部分，甚至能夠反過來影響美國本土以及全世界，其中雷鬼動（Raggeaton）就是最好的例子。

　　雷鬼動最早可能出現於巴拿馬，但真正將這種音樂類型發揚光大的卻是波多黎各。過去半個世紀隨著都市化發展，大量人口聚集到首府聖胡安；到了 1990 年代，內城（inner city）的年輕人開始在夜店裡混合不同節奏，將正拍的節奏與切分音鼓點相互融合，並且開始使用西班牙語唱饒舌（相較於當時主流饒舌是以英語為主），創造出一種全新的地下音樂類型。

　　這種新的音樂類型，剛開始並不被社會認可。它的歌詞中有著對於社會的批判、對內城區問題的描寫，還有暴力、藥物、性等所謂「不登大雅之堂」的元素，曾經受到波多黎各政府的大力掃蕩，甚至被迫關閉錄音場所。然而，在 2000 年之後，雷鬼動卻開始主流化、國際化，最終隨著 2017 年〈Despacito〉一曲登上排行榜冠軍，長達三年時間成為 YouTube 上最多觀看次數的影片。

　　想要感受雷鬼動音樂的誕生地，或是朝聖這首歌 MV 的拍攝場景，聖胡安老城區旁的 La Perla 社區是必訪之地。這裡原本是城外的屠宰場並且緊鄰墓園，後來在都市化過程中成為中下階層居民的棲身之處，一

度被視爲治安不好、閒人勿近的地方，近年來因爲社區創生的努力而成爲聖胡安的必遊之地。

　　社區內的一處斜坡路口，是 MV 的主場景所在，一旁的房屋上有面巨大的掛幅，寫著「Despacito 的家鄉」（Home of Despacito）。我和路口賣酒的小販攀談起來，他聽到我是來朝聖神曲的，興奮地說，就在四個禮拜前，那首歌的主唱 Luis Fonsi 才剛來過這裡！而除了主場景之外，MV 裡面出現的許多畫面，像是在路上跑來跑去的雞、路邊石桌上玩著西洋骨牌（Domino）的當地居民，還有一旁海邊氣勢逼人的浪濤，都能在這裡原汁原味地看見。

（左）La Perla ，聖胡安舊城外的社區，神曲〈Despacito〉的 MV 拍攝地點。
（右）La Perla 掛幅上面向遊客說明：這裡是 Despacito 的故鄉。

　　另一個朝聖神曲的「聖地」是 La Factoría 酒吧，也就是 MV 最後室內場景的所在。這座酒吧的有趣之處，是擁有從外到內四層空間，分別播放流行樂、爵士樂、騷莎與電子樂，越裡面的空間越晚開放，想當然耳，也是越晚越瘋狂。

　　除了朝聖外，對於想要享受音樂的旅人來說，一個絕佳的地點是聖胡安的 La Plaza del Mercado de Santurce。這裡雖然是市場，周圍卻環繞著餐廳和酒吧，每家都播放不同類型的音樂，從雷鬼動、騷莎到其他類型都有。其中有些店家乾脆把門板拆掉，讓店裡的音樂直接流瀉到街道上；而走在街上的人們也很自然地被帶動起來，在路上跟著搖擺，或是駐足聆賞，整個廣場就這樣被流動的音符與節奏給填滿！

波多黎克聖胡安的音樂聖地 La Placita de Santurce。

追尋音樂的
旅程

　　如果說雷鬼動音樂是波多黎各的「招牌料理」，那麼我接下來的旅程可說是一趟尋找食材的冒險。我想了解這座島上存在著哪些音樂元素，交融成今天我們所聽到的樣貌。

　　即使停留時間不長，網上又幾乎查不到相關資訊，我還是決定開著車子在波多黎各島上各處波奔，看看能不能挖掘到什麼。

　　我首先來到島上西部的山區，拜訪著名的地下石灰岩洞卡穆伊洞穴（Cavernas de Camuy），以及附近山區的卡古阿納原住民禮儀遺產中心（Caguana Ceremonial Indigenous Heritage Center），這些地方都是原住民泰諾人（Taino）曾經活動並留下足跡的地方。

波多黎各著名的地下石灰岩洞，卡穆伊洞穴，遊客可在嚮導帶領下進入洞中參觀，感受其氣勢之壯闊。

（上）波多黎各南部大城 Ponce 的地標 Parque de Bombas，被漆成瓢蟲顏色的前消防隊建築。（下）Ponce 市中心相當奪目的新古典主義建築，裡面是一家銀行。

泰諾人分布在整個大安地列斯群島（Greater Antilles）上，在歐洲殖民者來到之前，是這塊土地的主人，人口多達數百萬；但隨著歐洲探險者到達，光是流行病就消滅了將近 90% 的人口，剩下的居民則隨著通婚而漸漸失去文化認同，直到近年才出現重振傳統的行動。

雖然泰諾人的傳統習俗大多已經消逝，他們的樂器倒是流傳了下來，其中最常見的是沙槌（Maraca）和刮胡（Güiro）。前者類似沙鈴，是乾燥瓜類種子發出沙沙聲響所形成的天然樂器；後者則是在中空的葫蘆表面切出一道道平行的刻痕，並且用木棒劃過、製造出齒輪般的一連串聲響。

在今天的加勒比海或拉丁美洲音樂中，這兩種樂器都不難見到。遺憾的是，在這些殘存的泰諾遺跡中，完全無法看出這些樂器和泰諾文化的連結。

接著，我來到西南部的第二大城 Ponce。這座城市被稱為「波多黎各南方的珍珠」，以擁有許多裝飾華麗、不輸西班牙本土的建築聞名。由於附近居民的祖先大多來自加泰隆尼亞，因此又被稱為「小巴塞隆納」。無論是漫步在新古典主義風格的圓柱迴廊前、欣賞窗框和柱頭的繁複裝飾，還是一睹那棟被漆成瓢蟲色的前消防隊建築 Parque de Bombas，都讓人以為自己真的來到了伊比利半島。

不過，我來這裡最重要的目的，其實是參觀波多黎各音樂博物館（Museo de la Música Puertorriqueña）。聽聞這裡館藏相當豐富，還有機會聽到館員示範樂器演奏，音樂控如我原本滿懷著期待，沒想到開館時間來到門口，在門上敲了又敲，就是沒人應門，只能帶著缺憾離開。

尋找的終必尋見，

音樂聖地洛伊薩

　　隔天早上我再次出發，來到距離聖胡安不遠的小鎮洛伊薩（Loiza）。這座聚落號稱是波多黎各非裔文化的中心，據說也有些獨特的音樂傳承下來。車子還未進入市區，便可見到兩邊插著代表非洲的綠、黃、紅三色旗幟，標示著這裡鮮明的文化認同。

　　我跟著 Google Maps 的導航，來到村裡一座不起眼的民宅門口。網路資料推薦對音樂有興趣的人來此，但實際上是怎樣的地方，我毫無概念。到達時大門關著，外觀看起來和一般民居並無二致，裡面只有一位打赤膊的阿伯望著我。看到這景象，我心想大概 Google Maps 標錯地方了吧！為了避免闖入民宅的嫌疑，還是趕快離開好了。

　　就在我準備要踩下油門離去時，阿伯卻用手勢示意叫我進去。他將家門前的鐵門打開，接著帶我來到前院中一間五彩繽紛的小木屋，走近一看，哇！裡外都陳列著鮮豔的收藏品，尤其是那些表情生動的面具，彷彿裡面真的住著一個靈魂那樣活靈活現。

　　阿伯向我一一介紹這間小屋的收藏品，包括作為商品販售的。隨著他一件又一件熱情的解說著，我注意到小屋的一角有一面鼓。阿伯說，那是當地人演奏蹦巴（Bomba）所使用的鼓。

　　「可以麻煩你示範一下怎麼演奏嗎？」樂器光用看的不過癮，既然

有在地人在此，只要能從中稍微感受一下律動，也不枉我特別到此尋找音樂的目的。

阿伯欣然答應，並且允許我用手機錄影。就在按下錄影鍵的那一刹那，我才赫然發現，原來眼前的這位阿伯，並不是閒雜人等！

「歡迎來到洛伊薩，我的名字是某某某，我過去在波士頓某某表演中心工作，曾經服務於哈佛大學和波士頓音樂院等單位，在波士頓住了整整39年，最近搬到波多黎各1年。」

光聽到這裡，我就大感震驚。一方面是我在波士頓住了很長時間，搞不好我們曾經在街上擦身而過；另一方面則是他竟然可以一秒切換成流利的英文，和我侃侃而談，一聽就知道是專家。

「關於蹦巴⋯⋯這個鼓是蹦巴，歌唱是蹦巴，舞蹈也是蹦巴。波多黎各總共有20種蹦巴，每個地方都有屬於自己的蹦巴，接下來我爲大家示範2種屬於洛伊薩的蹦巴⋯⋯」

小屋裡響起一連串密集的節奏，寫在五線譜上的可能是一群平凡的16分音符，然而在阿伯的詮釋下，每個聲音都擁有獨特的音量和質感，組合在一起像是擁有好幾種樂器的打擊樂團，用特有的拍點和韻律帶著聽者進入另一個世界！當下我像挖到寶藏一樣又驚又喜，前一天撲空的陰霾也一掃而空。

在阿伯的推薦下，我來到對街不遠處的另一棟色彩鮮豔的兩層樓木屋，那是洛伊薩在地藝術家 Samuel Lind 的工作室兼小小博物館。

Lind 是位畫家，擅長以大膽的色調與醒目的線條，表現出波多黎各的景色與人物。他的工作室裡面除了有數量繁多的畫作，還能見到不少他爲當地藝術節操刀的海報。而在 Lind 本人親自介紹導覽的過程中，讓我印象最深刻的是他如何將當地的音樂和舞蹈融入作品裡。

（上）洛伊薩的神奇歐吉桑的小屋內部。（下）洛伊薩藝術家 Samuel Lind 的住家兼工作室。

　　音樂和舞蹈可以用畫的？沒錯！在 Lind 的一幅作品中，呈現出一群人圍繞著火光唱歌、跳舞、演奏樂器的景象。透過畫上不同部分光影的反差，我的視覺不由自主地聚焦在畫面中心，彷彿那堆火真的就在畫上燃燒；而畫中隨著音樂起舞的人們，身體被富有流動感的線條勾勒，雖然是幅平面的靜態作品，卻能夠讓人感受到實際現場的姿態和韻律。

　　最值得一提的是畫面上出現的幾樣樂器：前面提過來自泰諾文化的沙槌和刮胡、阿伯剛才為我示範的非裔社群樂器蹦巴，還有波多黎各最具代表性的國民樂器——來自歐洲文化的四弦琴（Cuadro）；而美洲原住民、非洲奴隸與歐洲殖民者，正好構成今日波多黎各的三大文化傳統。

　　如同 Lind 說的：「要了解波多黎各文化，就得了解我們的音樂。」

持續活躍的
蹦巴傳統

　　洛伊薩給我的連串驚喜還未結束，離開 Lind 的工作室後，我依照他
們的推薦來到聚落附近的一處橋下，那裡每個週末固定有蹦巴舞蹈的教學。
聽到「橋下」，我原本想像的是像台灣那種里民活動中心，然而現場所見
卻遠遠超出我的期待——

　　那是一處擁有湛藍大海、白淨沙灘與搖曳椰子樹的海邊，樹下有個
面具造型拱門，幾位地方媽媽正帶著一群小女孩學習蹦巴的舞步，一旁坐
著的三位男性則持鼓加上吟唱為他們伴奏。「Uno，Dos，Tres，Uno，
Dos，Tres……」隨著一、二、三的口訣，小朋友奮力的跟上大人的腳步，
稍顯生疏卻又無比認真的樣貌看上去可愛極了。

　　這裡是洛伊薩的漁村藝文餐廳（Villa Pesquera Herrera de Loiza
Restaurante Cultural），除了陽光沙灘和蹦巴的節奏舞蹈，一旁還有當
地居民販賣在地商品，而餐廳本身則是露天而且直通海灘的設計。我找了
個海景不錯的位置坐下，點了一份在地的炸豬肉搭配在地水果飲料，一邊
在樹影下享受著陣陣海風，一邊繼續聽著那毫無冷場、動感十足的蹦巴節
奏。

　　「你是從美國來的嗎？」
　　鄰座的波多黎各大媽突然用英文問我，我回答是。
　　「這裡很美，不是嗎？」

是啊，沙灘上的愜意氛圍、渾然天成的自然美景、自成一格的在地料理，所有加勒比海的元素都聚集在這裡了！更重要的是，專程到此尋找音樂的我，找到了一心所期待的、別處沒有的在地音樂，就是被這片土地所孕育、影響了整個世界，至今仍然活躍且傳承給下一代的音樂形式，是節奏也是歌曲和舞蹈的蹦巴。

下次有機會到波多黎各走走時，不妨將所有感官全部打開，豎起耳朵，讓聽覺帶著你去感受這座島嶼與生俱來的日常律動吧！

洛伊薩海灘旁的蹦巴舞蹈課程。

從飛機上遠眺摩洛凱島，可以注意到這座島嶼的西半部相當平坦乾燥。

被遺忘的夏威夷：
摩洛凱島

6

在遙遠的太平洋上，有這麼一座海島：島的北面像是被人用刀削去了一半，高聳的懸崖從山頂直落海底，如同禁域一般，讓人難以親近。然而，在這條險峻海岸線的其中一段，從崖底往外海延伸出一塊三角形的半島，島上平坦豐饒的景象和斷崖形成強烈對比。也因為斷崖的隔絕，這塊半島和島嶼的其他部分猶如兩個分離的世界，彼此之間鮮少往來。

這座島嶼叫做摩洛凱島（Moloka'i），而島上那座半島則叫做 Kalaupapa。由於與世隔絕的特性，使它有了頗為乖舛的命運——從 1865 年開始，夏威夷國王卡美哈梅哈五世下令將王國內所有的漢生病（即俗稱的痲瘋病）人禁錮於此，讓他們與主流社會完全隔離，以避免漢生病在人群中蔓延。

於是在接下來的 100 年間，前前後後有來自夏威夷各島嶼的 8,000 位漢生病友——無論是夏威夷原住民、歐洲裔白人，還是以日裔、華裔與菲律賓裔為大宗的亞洲人，被迫從原本的家庭與社會網絡中拔除，送到這座半島進行永久隔離。據說早期載運他們來這裡的船隻，因為擔心停泊時會受到感染，還曾經要求病友們要自行游泳上岸。當時漢生病友的悲慘處境可見一斑。

如今，漢生病已經成為可治之症，過去汙名化的歷史淡去，Kalaupapa 黑暗的過去仍然留下許多痕跡。像是這座村子後來成為同名的國家歷史公園，將這段不人道的過往保存下來。另一個有趣的遺跡，則是當時半島上的漢生病友們成立了一個獨立的行政區 Kalawao County，這個郡目前依然存在，是美國面積最小、人口第二少的郡。

正是因為這段獨特的歷史，在我規劃要前往夏威夷的時候，Kalaupapa 在我心中的重量就遠超過大眾熟知的陽光、沙灘、草裙舞與度假村，我因此選擇了摩洛凱島，作為第一次夏威夷旅行的目的地。

摩洛凱島重要地點

歐胡島
Oʻahu

Moʻomomi　　Kalaupapa 機場
　　　　　　　　　Kalaupapa　　Kalaupapa
● Pāpōhaku Beach　Kalaupapa展望台　國家公園　(北側海岸線幾乎全為懸崖峭壁，一般人難以接近)
　　　　　　Kualapuu　　　　　　　　　　　　● Hālawa Valley
　　　　　摩洛凱機場　摩洛凱博物館
● Maunaloa　　　　　暨文化中心

　　　　　　　　　　　　　　　　● Kamakou
　　　　　　　● Kaunakakai　　　(摩洛凱島最高點)
　　　　　　　● 摩洛凱旅館
摩洛凱島　　　(沿著此段海岸線有多處石滬)
Molokaʻi　　　　　　　　　● 聖喬瑟夫教堂
　　　　　　　　　　　　　St Joseph's Mission Church

　　　　　　　　拉奈島　　　　　　　茂宜島
　　　　　　　　Lanai　　　　　　　Maui

蜻蜓點水式的
Kalaupapa 半島探訪

「今天我們這架飛機會在 Kalaupapa 短暫停留，然後飛往摩洛凱機場。」

當我從檀香山坐著這架「包機」起飛的時候，機長這樣廣播。是的，這架 9 人座的小飛機除了正副駕駛，我是全機唯一的乘客，沒想到這輩子首次解鎖一人包機的成就，就是在飛往摩洛凱的路上。

由於 Kalaupapa 對外交通太不方便，這座現在只有數十位居民的半島擁有自己的機場，部分從檀香山飛往摩洛凱的航班會中途在此短暫停留。假使不搭飛機的話，前往 Kalaupapa 半島的唯一方式是騎乘騾子或步行，走下那數百公尺高的斷崖。在我拜訪的 2021 年，半島因為 COVID-19 疫情而對外關閉，因此這架小飛機的短暫停留，是我接近 Kalaupapa 的唯一機會。

當摩洛凱島的巨大黑影在窗外出現，飛機貼著海岸線越飛越低，逐漸地降到與斷崖同高，甚至更低，這時候那純樸秀麗的半島映入眼簾了！就在我還抓著相機拍個不停的時候，飛機已經觸地，煞車減速的巨大慣性將我推離椅背，不一會兒，飛機停在「航廈」前方——說是航廈其實不太正確，它就只是個半開放式的候機棚，和停機坪之間不過隔著一道半個人高的白色柵欄。

「這邊有一位乘客要上機，我們會停留幾分鐘。」一聽到機長這樣說，我知道這是千載難逢的大好機會，這輩子可能就只有這麼一次機會踩到 Kalaupapa 的土地了，於是我趕緊厚臉皮地問機長：「我可以下去走走嗎？」就這樣獲得了不到 5 分鐘的踩點之旅。

短短幾分鐘，連走出機場的時間都不夠，我只能快速拍下視線所及的景物，從中感受這裡的生活。島上的房子大多是木屋平房，雖然只有數十戶人家錯落在叢林之間，依然存在著一間郵局、小小的博物館，以及幾座教堂。在那個所有人都對漢生病避之唯恐不及的年代，不畏風險來到這裡的比利時神父 Damien 與德裔修女 Marianne，彷彿是守護神一般的存在。一生奉獻最後也死於漢生病的 Damien，如今已被教會冊封為聖人。

在隔離機構廢除之後，不少漢生病友離開半島到其他地方生活，還留在村內的大多是長者，也就是現今村民的主要組成。除此之外，還有一些國家公園的工作人員，以及曾經派駐於此的燈塔管理員。據說當年有的燈塔管理員無視隔離規定，私下偷偷和村民們往來，在夏威夷最黑暗的角落裡，以友情照亮彼此。

Kalaupapa 半島的機場「航廈」，其實就只是個開放式的木屋。

夏威夷群島中的

異類

從 Kalaupapa 經過 15 分鐘不到的短程飛行，飛機降落在摩洛凱機場。當我坐在旅館的接駁車前往主要聚落 Kaunakakai 的路上，很快便注意到這座島嶼有許多不尋常的地方。

首先，它不像其他夏威夷島嶼那樣綠意盎然，整個西半部都是光禿禿的草原，比起太平洋海島，四周景色反而更像是非洲莽原。

其次，路邊會看到一些奇特的標語，像是「來，花錢，滾回家！」（Come, Spend, Go Home!）這種讓人絲毫感覺不到一點友善的語句。

最重要的是，摩洛凱島不太有觀光氣息，島上沒有一家大型飯店或度假村，也見不到任何連鎖店，路邊更沒有做遊客生意的小販。相較於其他夏威夷島嶼，摩洛凱彷彿是個跟遊客絕緣的地方。

如此反常的夏威夷島嶼，究竟如何成為今天的樣子？或許我們可以說，它是一座先天不良、後天失調的島嶼。

摩洛凱島的形狀是東西較長的矩形，東西兩邊景觀截然不同：東邊山勢挺拔、雨量豐沛，卻因為地形而難以從事生產。而西邊則正好相反——地形平坦適合耕作，雨量卻極其稀少。適合生產的地方沒有雨水，有雨水的地方無法生產，注定了摩洛凱島之後的宿命。

摩洛凱島的土地生產力相對較弱，大部分土地長期被作為牧場使用。

　　歷史告訴摩洛凱人：只要被外來勢力支配，絕對沒有好事發生。除了前面提過被迫成為漢生病隔離所的 Kalaupapa 半島之外，島上部分土地也曾經被美軍作為演習使用，但這些都還比不上整座島嶼被一位大地主控制來得悲慘。

　　由於西部平地乾燥、農業生產不易，摩洛凱島後來逐漸變成以畜牧業為主，引進大量的牛隻，而大多數的可利用土地都屬於「摩洛凱牧場」（Molokai Ranch）所有。畜牧業的發展改變了原本的生態系，將原本就稀疏的植被破壞得更嚴重。這種無限惡性循環的宿命，加上 1960—1970 年代開始發展的夏威夷本土運動，都使得摩洛凱島對於外來勢力更加嫌惡。

　　時至今日，摩洛凱牧場多次想要以開發計畫重整土地，並創造就業機會，卻被當地居民以公投擋下。度假村消失了、高爾夫球場蓋不起來，而島上的失業率也依然居高不下。摩洛凱牧場目前由一家新加坡公司持有，如同燙手山芋般，想要脫手卻沒人敢接。

我們與海的
距離

在旅館安頓好之後，我便開著車開始逛這座島嶼。東半部是摩洛凱最美的部分，公路沿著南邊海岸蜿蜒前進，不時隨著小巧可愛的海灣一起轉折，與海洋十分接近，有時開著開著，彷彿海浪都要打到公路上來了呢！

公路兩旁偶見當地的孩子，肆無忌憚的前往海邊嬉戲，有些還熱情的向我打招呼。他們大多膚色較深，是玻里尼西亞的南島民族，這在夏威夷也算是個特例——目前夏威夷南島民族僅占 10% 左右人口，然而在摩洛凱島上，絕大多數居民都擁有原住民血統（包括許多混血人口）。

南島民族在海岸邊留下的一個智慧結晶是石滬（fish pond）。利用南部海岸的淺海地形，居民以當地石頭圍成與潮水高度接近的池子，等退潮時漁獲便像囊中物般容易捕捉，是島上重要的文化資產；至於後來土地過度開發，導致泥沙注入石滬中改變原有平衡，則又是另一個故事了。

不過，要說島上最像仙境一般的地方，絕對是 Hālawa Valley。這座山谷隱藏在摩洛凱島的東端，是個三面環山的封閉河谷，必須要先開車翻越山頂，再通過九彎十八拐才能抵達。進入山谷的那一刻，能見到谷底的海灣形狀像是愛心一樣優美，而山壁上垂吊著一絲像是聖人般的瀑布 Moa'ula Falls，怎麼看都像是靈氣非凡、適合修行的地方。

Hālawa Valley 有當地業者提供健行導覽，帶著遊客一路走到瀑布，

摩洛凱島的石滬，過去被當地居民用來捕魚。

並且在途中介紹當地傳統文化，被列為摩洛凱島的必走行程之一。即使因為時間緣故無法參加，這裡的海灣仍然是個休憩的好地方，在此賞景、玩水、放空，幾個小時就過去了。

摩洛凱的夜晚，基本上是靜謐而低調的。不過，島上有個特別的「夜生活」選項，是在一家老字號烘焙坊「Kanemitsu」的後巷。

這家烘焙坊開在 Kaunakakai 的主街上，與街上的其他店家類似，從名字就可以看出是由日裔移民家族經營（Kanemitsu 是日本姓氏，漢字可能寫作「金光」或「鑑光」），白天的時候是買麵包、喝咖啡的好去處；到了晚上，正門雖然打烊了，後門卻賣起剛出爐熱騰騰的麵包。每週幾個晚上固定時間開賣，是島上居民們都知道的私房美食。

這條後巷其實有點破舊，昏暗的燈光下有著一扇小小的窗戶，乍看之下會讓人懷疑自己是否跑錯地方。等待期間，我和身邊帶著小孩的一對夫婦聊了起來，一聽到我是從北加州灣區來拜訪，孩子的眼睛都亮了——舊金山對他們而言，是他們心之嚮往、閃亮而夢幻的國際大都會，也是不少夏威夷人移居美國本土的首選。

Kanemitsu 的麵包比人臉稍大，剛出爐還帶著一些餘溫，鬆軟的同時又富有嚼勁，在島上非常受歡迎。購買麵包的時候可以向店家要求塗上特殊風味的果醬，其中有不少熱帶海島才會出現的選項，像是芭樂、鳳梨，還有台灣早餐店常見的乳瑪琳。

（上）摩洛凱島東側 Hālawa Valley，擁有美麗弧線的海灣。（下）主街上的烘培店 Kanemitsu，晚上店面打烊了，但後門販售剛出爐的麵包，是島上不可錯過的在地美食。

118

與日裔移民三上家的

相遇

摩洛凱島保留了傳統夏威夷的緩慢步調，到了週末就更加慵懶了，週日早上幾乎沒有任何店家營業，唯一有人聚集的地方是教堂。於是我來到 Kaunakakai 的一座浸信會教堂，想來體驗一下夏威夷風味的教會禮拜是什麼樣子，順便看看能否和當地人聊天。

一走入教堂，整個氛圍和美國本土截然不同，講壇四周的牆壁是用暗紅色的火成岩堆砌而成，四周的窗戶與電風扇全開，以對抗夏威夷濕熱的氣候；而由烏克麗麗、吉他、手拍鼓與貝斯組成的四件配置樂團，演奏起來不疾不徐，烏克麗麗的清脆聲響尤其讓人陶醉。原來連教堂裡的音樂都可以這麼有夏威夷特色！

會後，我開始和周遭的當地人寒暄。我所居住的北加州灣區，是許多夏威夷人移民美國本土的首選，他們相當熟悉，很快地就拉近了我們之間的距離。當我準備離去之際，一位年長的亞裔阿姨叫住了我。

「Jerome，你今天晚上有空嗎？我們想邀請你來我們家吃晚餐！」

當下我整個人雀躍不已！二話不說立刻答應。互留手機號碼時，我問阿姨的姓氏是？

「Mikami，M-I-K-A-M-I。」後來我才知道，這是常見的日本姓氏「三上」。

傍晚我開著車，依約來到位在山坡頂端的三上家，迎接我的是三上先生，年過八旬的他身體依然硬朗。走進三上家一看不得了！他們的住處不但乾淨且非常寬敞，從窗戶望出去就可以看到大海。

　　「夏威夷一共有八座島嶼，天氣好的時候，從我們家就可以看到其中四座！」三上先生很滿足地說。

　　三上夫婦是第三代日裔夏威夷人，完全不諳日語，然而許多生活小細節都透露著他們的日裔身分。從一塵不染的住家、進門一定要脫鞋、使用筷子吃飯，到晚餐招待的醃漬小菜，以及用感恩節剩下的火雞煮成的粥，都能看出與日本文化的連結。

　　在餐桌上，我們聊了好多彼此的故事。三上先生說，他的祖父是在日俄戰爭時移民夏威夷，當時許多日本人感受到國內的動盪，於是讓長子留在本地，其他的孩子只要有機會就往國外送，即使來到夏威夷從事的是低薪的勞動工作。

　　三上夫婦都出生於 1940 年代珍珠港事變之際，當時的夏威夷有多達 1/3 到 40% 人口是日本裔，遠遠超過其他族群。太平洋戰爭爆發，讓許多日裔人士投身軍旅，戰後他們則利用美軍的福利前往美國本土就讀大學，這段歷史翻轉了夏威夷日裔的階級，也讓這批日裔人士成為夏威夷社會的

中堅分子。時至今日，夏威夷的州長與議員不少是日裔，就連檀香山的國際機場，都是以夏威夷第一位參議員、在國會待了近 50 年的日裔政治人物井上建（Daniel Ken Inouye）命名。

三上夫婦成長於摩洛凱，三上女士的父親是島上唯一一家藥局的經營者；後來三上先生前往美國本土取得藥學學位，回到夏威夷後就從岳父手中繼承了這家藥局。在沒有一家連鎖店的摩洛凱島，這家藥局至今仍然守護著全島居民的健康。

「疫情之前，我們每年都會去日本好幾次！」三上夫婦感嘆的說，原本希望能用所剩不多的歲月多到日本尋根，疫情讓他們失去了不少機會。

「可是，你們去日本的時候，語言不通怎麼辦呢？」

「沒辦法，我們去日本一定要跟團。」三上先生說，「以前小時候被送去日文學校沒有好好學習，現在回想起來真的很遺憾！」求學階段被送去自己不喜歡的母語學校，是許多美國亞裔移民的共同經驗。

那是在夏威夷最難忘的一個晚上。離去時三上夫婦再次邀請我隔天離開摩洛凱島時一定要再來坐坐。

從土地開始，
找回原本的摩洛凱

　　早在規劃行程的時候就意識到：摩洛凱島其實不太歡迎典型的觀光客，特別是那些想來看呼拉圈、草裙舞、享受海島度假的人。而網路上比較推薦的深度旅行，是加入當地的非營利組織擔任志工，透過和當地人一起工作的方式，來認識這片土地。

　　於是在島上的最後一天，我來到摩洛凱土地信託（Molokai Land Trust）這個非營利組織，以一日志工的身分，和其他工作人員一起進行當地植被重建的工作。

　　接待我的是約西亞，擁有典型南島民族面孔的他，卻有著一看就知道是華裔的姓氏 Ching，這種情況在夏威夷並不少見。

　　早期的華裔移工以男性為主，不少人與夏威夷原住民女性結親，不但解決終身大事，更重要的是藉此取得土地與資源。這也是為什麼不少擁有原住民血統的夏威夷人，同時有著漢人的姓氏。漢人與南島民族的結合，從這個角度來說其實和台灣很像！

　　坐上了約西亞的輕型小貨車，我們載了幾樣大型機具，往島上西北邊的沙丘 Mo'Omomi 前進，任務是清除沙丘上過度生長的外來種植物。同行的還有三位當地的原住民青年，不過 18、19 歲卻流露出一種能夠獨當一面的霸氣，從機具操作到體力活樣樣都行。一路上約西亞向我娓娓道來這座島上曾經發生的事情。

這片叫做 Mo'Omomi 的土地，是北面濱臨海洋的一片沙丘，盛行風將沙子往內陸吹，寸草不生，沙丘綿延好幾公里，連在空中看都十分醒目。約西亞說，這片沙丘原本是島上的一片聖地，許多先人埋葬於此，並不是一般人能夠隨意進出或居住的區域。

然而，當外來種植物來到島上，很快地改變了這裡的地貌。原本僅有少數植物能夠存活的沙地，幾乎完全被外來種給吞噬，改變的不只是原有的生態平衡，也加速了在地隱微知識的流逝。許多年輕人來到這裡，渾然不知這裡是祖先長眠的聖地，也毫無敬畏之心，在此隨意進出。此外，雖然土地信託致力恢復原有物種，還設置了圍籬保護原物種的生長，仍有不知情的當地民眾破壞圍籬，使得當地植被更難以恢復原貌。

Mo'Omomi 的故事，是許多原住民族面臨的挑戰──對於生活與土地緊密相連的原住民族而言，地貌的改變往往伴隨著生活方式的轉變與傳統文化的流逝；而當人們終於意識到原有平衡被破壞、想要尋回舊有的傳統時，成長於殖民同化政策下的新一代卻往往有著文化斷層。擁有祖先的資源，卻沒有祖先的知識與技能，不知道該如何與這片土地共生。

這正是約西亞與摩洛凱土地信託努力的目標。和許多夏威夷人一樣，約西亞選擇了對他們而言最有保障的出路──從軍；隨著軍旅派駐世界各地多年之後回到自己的家鄉，帶著一群年輕人從重建植被開始，一點一滴地找回這片土地原本的面貌。約西亞說，島上這些年輕人其實都很優秀，他們缺乏的只是能夠帶著他們去做、教導正確觀念的人。

聽到這裡，我瞬間對這位看似平凡的原住民青年肅然起敬。他知道自己在做的不僅僅是一份工作，而是從理念和價值出發，從手下的幾位年輕人開始，嘗試翻轉摩洛凱島今日的困境。

摩洛凱島上見到的雨後彩虹。

　　此時輕型小貨車已經接近沙丘的邊緣，天色顯得灰暗，看似隨時可能大雨傾盆，情況看起來不太妙，但我們還是決定先抵達工作地點再說。約西亞打開了保護區的鐵門，而且不忘在車輛進入之後上鎖，避免閒雜人等破壞。

　　那是一段非常崎嶇的泥土路，不只左彎右拐不斷，道路還不時出現窟窿或是難以通過的落差，熟門熟路的約西亞都一一克服了。有趣的是，這裡雖然是沙丘，但因為外來種覆蓋率實在太高，反而讓人有種行進在叢林中的感覺。

抵達工作區的時候，豆大的雨點從天而降，強勁的海風將每一粒雨滴打在我們臉上，很快地，我們就意識到今天無法在這裡工作了。約西亞下達了指令後，我們一行人便踏上了歸途。

回程路上見到的景象，更讓人確信這是個正確的決定——只不過幾分鐘的功夫，突如其來的降雨已經在沙丘上創造出幾條小溪流，道路變得十分泥濘，原本就難以駕馭的路徑，現在還多了打滑甚至翻覆的風險。好幾次，我們一行人甚至必須下車，從旁使力才能確保車子安全脫困。

「還好撤退得早！要是再晚個幾分鐘，我們可能都要被困在路上回不去了！」經驗老道的約西亞說。

好不容易回到土地信託總部，大夥也沒閒著，三位原住民青年忙著清洗噴滿泥漿的小貨車，並且進行裝備保養。約西亞坐到辦公桌前處理庶務，而我則來到一旁的苗圃，和一位出身摩洛凱的大叔查理合作，幫這些樹苗施肥補土；等到這些原生種幼苗長到夠大的時候，就會被移植到 Mo'Omomi。

查理的背景同樣反映了夏威夷的移民組成：他本身是愛爾蘭裔，太太則是沖繩裔，兩個相當具有代表性的早期夏威夷移工社群。至於他年紀與我相仿的孩子，現在同樣在加州的科技業工作。值得一提的是，由於琉球一直到 1870 年代牡丹社事件後才正式納入日本版圖，目前沖繩人在夏威夷仍自稱「Okinawan」，而非 Japanese（日本人）。

後記

　　結束這趟非典型夏威夷旅行、回到美國本土之後，我一直惦記著三上夫婦的熱情款待，又想到他們年事已高，不知再訪時能否再次見面，於是半年多後寄了封 email 再次感謝並問候他們；在那之後又過了三個月，終於收到來自三上女士的回信：

　　「嗨 Jerome，你是那個本來要去土地信託當志工結果碰到下雨的人嗎？喔我的記性實在不行，你趕快再回來拜訪、幫我們刷新一下記憶吧！」

===== 附錄一 =====

夏威夷冷門島嶼

　　夏威夷有幾座島？航空公司或旅遊業者的答案通常會是：4 座，也就是面積較大、占整個夏威夷超過 99% 人口的島嶼。然而，除了這 4 座島嶼之外，還有其他有人居住的島嶼，不妨一起來認識一下它們！

　　值得一提的是，這些島的土地所有權都很特別——拉奈島 98% 由甲骨文公司（Oracle）創辦人艾利森（Larry Ellison）持有（他也投資島上的四季酒店）、尼豪島 100% 由蘇格蘭裔羅賓森家族（Robinson）擁有。至於情況最尷尬的摩洛凱島，超過一半的土地由一家新加坡公司所有並等待出售中，前幾年差點被臉書創辦人祖克柏買下！原本應該屬於玻里尼西亞人的土地，目前大多由外來者持有，這樣的發展究竟是好還是壞？值得更深入的探討。

Kaua'i
考艾島
👤 66,921

O'ahu
歐胡島
👤 953,207

Moloka'i
摩洛凱島（友善之島）
👤 7,345
- 拒絕讓觀光業主導發展
- 漢生病隔離機構 Kalaupapa
- 超過一半土地爲牧場，目前待價而沽

Ni'ihau
尼豪島（禁慾之島）
👤 170
- 由蘇格蘭裔羅賓森家族持有
- 外人禁止登島
- 主要語言爲夏威夷語

Lāna'i
拉奈島（鳳梨之島）
👤 3,135
- 曾遭夏威夷國王屠殺，幾乎人口滅絕
- Oracle 創辦人艾利森擁有 98% 土地
- 四季酒店在此營運奢華度假村

Maui
茂宜島
• 144,444

Hawai'i
夏威夷島（大島）
👤 185,079

Kaho'olawe
卡胡拉威島（目標之島）
👤 0
- 曾爲美軍砲彈試射目標區
- 目前爲無人島

旅遊書上不會介紹的
4 座夏威夷冷門島嶼

本篇介紹的摩洛凱島也是其中之一。

- **Lāna'i 拉奈島（鳳梨之島）**

  人口：3,135 ／面積：364 km²

　　夏威夷第六大島，18世紀末，因為受到卡美哈梅哈一世（Kamehameha I）大屠殺而幾乎無人居住，後來先後種植甘蔗與鳳梨。農業沒落之後，甲骨文公司創辦人賴瑞‧艾利森取得島上98%土地所有權，並且投資四季酒店度假村（Four Seasons Resort Lanai），使得拉奈島近年成為奢華海島度假勝地。

摩洛凱島位在夏威夷群島的中心，可以輕易望見周遭的其他島嶼，例如圖中的拉奈島。

- **Moloka'i 摩洛凱島（友善之島）**

  人口：7,345／面積：673 km²

  以面積而言是第五大島，以地理位置來說是夏威夷的中心，然而其影響力遠不及排在前面的 4 座島嶼。歷史上的漢生病隔離機構 Kalaupapa，坐落於其北部的半島上。除了出產蔗糖與鳳梨之外，島上有超過一半面積爲牧場（Molokai Ranch），由於居民反對觀光開發，目前持有的新加坡公司 Guoco Leisure 正在等待買家上門。據聞臉書創辦人馬克·祖克柏（Mark Zuckerberg）一度打算購買這片土地，後來轉往考艾島購地。

- **Ni'ihau 尼豪島（禁域之島）**

  人口：170／面積：180 km²

  夏威夷最西邊的島，也是唯一有人居住但禁止外人進入的島嶼，目前由蘇格蘭裔的羅賓森家族持有，僅限當地居民與家族成員登島。島上主要語言爲夏威夷語，是整個群島中唯一以原住民語言爲第一語言的島嶼。

- **Kaho'olawe 卡胡拉威島（目標之島）**

  人口：0／面積：116 km²

  由於缺乏淡水，歷史上一直鮮有人居，二次大戰之後成爲美軍砲彈試射目標區，直到 1990 年。目前爲無人島，土地隸屬夏威夷州政府，作爲生態與文化保存使用。

（註：以上皆爲 2010 年人口）

夏威夷歐胡島日本神社、寺院與教堂巡禮

相信去過歐胡島的人都知道，島上有個超級知名的網紅景點——平等院，堪稱夏威夷最具代表性的日本宗教建築。不過，歐胡島上的日本風味建築可不是只有這一座！畢竟日本人曾經占夏威夷總人口 40% 之多，來自家鄉的信仰理所當然也就飄洋過海，與移民們一起來到了玻里尼西亞。

這次我親自走訪了 6 座日本神社、1 座佛教寺院之外，還有一座我認爲在歐胡島上絕對不可錯過的「Makiki 基督教會」，它是長得超級像日本城堡的神奇教堂！

● 若宮稻荷神社 Wakamiya Inari Shrine
（總本社：京都府，伏見稻荷大社）

主祀稻荷大神，始建於 1914 年，原本位於檀香山市區內，1979 年遷至 Waipahu 的 Plantation Village 內，與園區裡其他歷史建築一起見證了過去的移民歷史，目前已列入美國國家史跡名錄。

- ハワイ出雲大社 Hawaii Izumo Taisha
  （總本社：島根縣，出雲大社）

　　主祀大國主大神與夏威夷產土神，始建於 1906 年，擁有和島根縣出雲大社一樣的 A 字形巨大屋頂，在第二次世界大戰期間曾被政府違法占據，戰後才被逐步歸還並恢復祭祀，並遷移至中國城與孫文銅像附近。目前仍在運作中，並且每年舉行新年初詣。

- ハワイ金刀比羅神社 Hawaii Kotohira Jinsha
  （總本社：香川縣，金刀比羅宮）

　　主祀大物主命與崇德天皇，始建於 1920 年，同樣在第二次世界大戰期間曾被政府占用並中斷祭祀，戰後才逐步恢復。現今位置臨近知名景點主教博物館（Bishop Museum），與太宰府天満宮比鄰而居。

（左）ハワイ出雲大社。（右）ハワイ金刀比羅神社。

- ハワイ太宰府天満宮 Hawaii DazaifuTenmangu

  （總本社：福岡縣，太宰府天満宮）

  主祀菅原道眞公，1952 年在夏威夷的福岡縣移民努力下建立，與金刀比羅宮比鄰而居。

- ハワイ大神宮 Daijingū Temple of Hawaii

  （總本社：三重縣，伊勢神宮）

  主祀天照皇大神、天之御中主神，始建於 1900 年代，後搬遷至今天所在位置，鄰近重要景點艾瑪皇后夏宮（Queen Emma Summer Palace）。

- ハワイ石鎚神社 Hawaii Ishizuchi Jinja

  （總本社：愛媛縣，石鎚神社）

  主祀石鎚毘古命，始建於 1916 年。

（左）ハワイ太宰府天満宮。（右）ハワイ石鎚神社。

- 平等院 Byodo-In

  （建築原型：京都府，平等院）

  歐胡島上數一數二知名的網紅景點，是京都宇治平等院的縮小版複製品，1968 年為紀念日本人移民夏威夷 100 週年而建立，位於島上北側的神殿谷紀念公園（Valley of the Temples Memorial Park）內，坐擁密林、背倚懸崖，環境十分清幽。院前不遠處為少帥張學良與妻子趙一荻長眠之處。

- マキキ聖城キリスト教会 Makiki Christian Church

  （建築原型：高知縣，高知城）

  建於 1932 年，由夏威夷的日本裔建築師淵野平吾設計，根據建立該教會的牧師奧村多喜衛的家鄉、高知縣高知城的外觀建造，象徵著和平與保護，是美國境內唯一一座擁有江戶時代城堡風格的教堂。

（左）平等院。（右）マキキ聖城キリスト教会。

紐約曼哈頓一景。

在一座城市裡環遊世界：
紐約

7

俗稱「大蘋果」的美國紐約，像是海納百川地容納了來自世界各地的移民，在此重現自己家鄉的生活、景色與美食，也使得這裡成為地表文化最多元的城市。

在美國居住的 12 年裡，我拜訪紐約不下 10 次，有時是為了觀光，有時是來辦證件，有時則是為了轉機而路過；就在 2020 年，這個世界還沒搞清楚如何與 COVID-19 共存的時候，隨著第一波疫情高峰過去，我來到了空蕩蕩的紐約。

當時，百老匯所有音樂劇全部暫停，所有的博物館也已經關閉多時，許多人好奇：「這個時候去紐約到底可以幹麼？」

我想要跳脫以往採景點或是訪友的路線，以「在紐約環遊世界」為主題，探索這座城市裡隱藏的移民社區。

就這樣，我搭乘著地鐵，穿梭於紐約的各區之間，在飄揚著不同國旗的商店、餐廳和街道上，觀察外來居民們如何在這座城市裡重現自己的文化，還有背後那些不為人知的故事。

是誰住在
大蘋果裡？

　　回答這個問題之前，我們必須先定義「紐約市」的範圍。如果直接在網路上搜尋「New York City」，跳出來的會是紐約市政府管轄的範圍，由五個區所組成，人口超過 880 萬，以單一城市的管轄範圍來說是美國之冠。

　　然而，如果把周遭的通勤區域算進來，我們還得加上幾個在紐約市府管轄範圍以外的區域，包含西部的紐澤西州、北部的康乃狄克州部分區域。全部加起來，紐約的都會區人口接近 2000 萬，足以與亞洲第一線大城市（北京、上海、馬尼拉、雅加達）匹敵。

　　這座城市究竟有多麼多元呢？我們可以看看紐約市人口組成的簡單分析：

　　在紐約市裡的 880 萬人口中，非西語裔白人（Non-Hispanic White）只占 42.7%，在這座城市裡是少數！這表示你如果走在紐約街頭，遇到歐洲裔白人的機率，低於其他族裔。而如果我們再去探究每個族裔的祖籍，則會發現更不得了，在這座城市裡，幾乎能夠找到來自任何國家的移民！每個群體只要人數夠多，就會在這座城市裡形成自己的泡泡，擁有自己的社群、店家與餐館。

　　地表上能夠讓人彷彿環遊世界的城市不多，紐約就是其中一個。

紐約市的 5 個區

紐約市各區人口與族裔組成

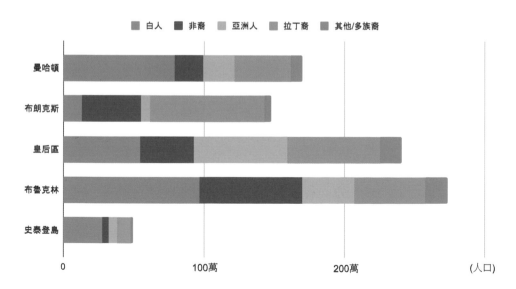

紐約的移民社區分布

圖上橘色線條為地鐵線路。

Woodlawn Heights
小愛爾蘭

布朗克斯
The Bronx

紐澤西
New Jersey

Washington Heights
小多明尼加

White Plains Rd
小葉門

South Bronx
非裔與加勒比海文化區、
嘻哈文化發源地

Clason Point
小波多黎各

116th St, Manhattan
小塞內加爾、西非伊斯蘭文化區

Harlem
哈林，非裔文化中心

曼哈頓
Manhattan

Steinway St
小埃及、中東移民區

Astoria
小希臘

Flushing
早年又稱「小台北」

Woodside
小馬尼拉、菲律賓區

Koreantown
曼哈頓韓國城

Jackson Heights
小西藏、小巴基斯坦、小孟加拉

Corona
拉丁美洲移民區

Elmhurst
皇后區第二大華埠

Little Italy
小義大利

Greenpoint
小波蘭

皇后區
Queens

Chinatown
曼哈頓華埠、小粵港

East Broadway
曼哈頓小福州

Atlantic Ave, Brooklyn
中東阿拉伯商家聚集區

Little Guyana
Richmond Hill 小圭亞那

8 Ave (Sunset Park)
布魯克林小福州

Little Haiti
Flatbus 小海地

Little Palestine
Bay Ridge 小巴勒斯坦

史泰登島
Staten Island

布魯克林
Brooklyn

Bensonhurst
布魯克林第一小粵港

Avenue U
布魯克林第二小粵港

Brighton Beach
猶太、東歐、中亞文化交匯區

★ ★ ★
曼哈頓小福州

　　幾乎所有來到紐約的遊客，都會徒步通過布魯克林大橋（Brooklyn Bridge），從橋上飽覽曼哈頓金融區的景致；此時如果從橋上往東河（East River）上游望，便會看到一旁的曼哈頓大橋（Manhattan Bridge）。雙層的吊橋結構，下層是地鐵的軌道所在，每當列車通過時，巨大的轟隆聲響迴盪在橋下的街區之間，蓋過了原本街市中的車水馬龍。

　　直到列車通過之後，街區原本的聲響才能再次被聽見，這時候我們會注意到橋邊原來有許多小販，或賣生鮮蔬果、或賣日常雜貨，直接就用擺地攤的方式，一個接著一個排列在橋下的人行道上；而四周林立的招牌上，「福州」、「馬尾」、「連江」等地名到處可見。顯而易見，這不但是一塊以華人為主的社區，而且居民幾乎都來自中國的同一個區域。

● 從福州到美洲

　　大約從 1980 年代開始，中國開放人民可以移居海外，而同時實施的《1986 年移民改革與管制法案》（Immigration Reform and Control Act of 1986），使得許多更早來到的無證移民取得居留權，這些事件促成了歷史上第三波華裔移民的興起；而在這些人之中，福州人是相當特別的一群。

這裡所說的福州人，指的不只是今天的福州市，而是包括了位在閩江口附近、清代福州府管轄的10個縣（閩侯、永泰、閩清、長樂、羅源、連江、福清、平潭、屏南和古田），統稱福州十邑，由中華民國治理的馬祖列島也是其中一部分。他們說的是閩東語，和其他福建語言如閩南語相差非常大，無法直接對話，因而形成屬於自己獨特的文化圈。

　　正如同中國東南沿海的其他地方一樣，這裡山多平地少，歷史上相對偏遠貧瘠，又不像南邊的泉州、廈門那樣，對外貿易興盛。從1980年代起，透過家族連帶，他們開始如同拉粽繩一般一個帶著一個來到海外，其中最重要的目標就是美國紐約。

　　問題是，移民海外談何容易？這些人既沒身分地位又非高知識分子，究竟要如何前往地球另一端的夢想之地紐約呢？

　　當時存在著不少人蛇集團，以超過美國一年家戶所得中位數的費用，以及可能在旅程中喪命的風險，藉由船運或多次轉機、跳機的方式，讓這些人來到美國，其中最知名的是有「蛇頭之母」、「偷渡皇后」之稱的福州人鄭翠萍，靠著經營人蛇集團與地下錢莊，協助無數同鄉偷渡美國。

　　這種行之有年的人口販運，在1993年的一起震驚社會事件中曝了光。

　　一艘載著286位中國移民的貨輪金色冒險號（Golden Venture）從福州出發，經過三個月的漂流之後來到曼哈頓外海，眼看地獄旅程就要結束、夢想之地就在眼前，沒想到卻出了意外。

　　原本要從曼哈頓駕駛小船出來接應的福清幫，因被紐約警方掃蕩而無法依約前來，金色冒險號只好在海外繼續等著；眼看接駁無望，最後船長選擇讓船隻擱淺在近海，讓偷渡者自行游泳上岸，導致其中10人死亡。

（上）小福州路邊的中國城巴士站。社經地位較低的華裔移民往往
相當依賴這種由華人經營的客運服務，往來於東部各城。（下）曼
哈頓小福州的空間往往相當擁擠，一棟建築物從頂樓到地下室都得
充分利用。

小福州街景，背景是完工於 20 世紀初的曼哈頓市政大樓（Manhattan Municipal Building），樓高 40 層，融合多種歐洲建築風格，是紐約市政府許多機構的所在地。

這起案件震驚了美國社會，也引起聯邦調查局的關注，主謀與其他多名船員皆被拘捕判刑；鄭翠萍逃亡多年後也在 2006 年於香港被拘捕，被判處 35 年有期徒刑，後來在獄中過世。雖然她在美國政府眼中是十惡不赦的罪犯，但對於那些經由她的幫助來到美國的移民而言，簡直是活菩薩，據說逝世之後還入祀曼哈頓華埠的某間廟宇。

● 福州移民的新大陸生活

經過千辛萬苦來到曼哈頓的福州移民，第一件事情通常是到東百老匯（East Broadway）路口的林則徐銅像報到──是的，清末改革大將林則徐本身就是福州人。在這位「福州之光」的庇佑下，他們在新大陸開展新的人生。抵達之後，多數人會先搞定兩件事：

找工作：透過銅像附近林立的職業介紹所，福州移民被介紹往美國各地工作，不少任職於餐飲業，據說現在如熊貓快餐（Panda Express）的中餐館或各地的鐵板燒店，許多都是由福州人經營。這些人的生活相當艱辛，不但只能領著微薄的工資，還因為身分問題無法在銀行開戶、取得身分證件。

婚姻：小福州有不少婚姻介紹所，盡快結婚生子的好處是子女擁有美國公民身分，他們雖然不會讓父母取得身分，但至少確保後代可以定居美國；此外，如果家裡有多個小孩，可以用中國獨生子女政策為由，申請到難民資格，在美國居留。

在這樣的生態中，曼哈頓的小福州地位就更加鞏固──雖然父母往往必須前往外州工作，小孩可以麻煩這裡的福州鄉親照顧；除此之外，紐約是個友善無證移民的「庇護城市」，警察不能隨便進入一般人家中搜索，社會福利制度也比較有利於無證移民生存。

● 用雙腳走進小福州

和這些移民一樣，我從林則徐銅像出發，開始了小福州探索之旅。

從林則徐銅像出發，沿著東百老匯往前走，最明顯可以感覺到的是，這裡的人多以福州話交談，還有招牌上會有許多福州文化圈的地名——有時候是將「福」或是「閩」字鑲嵌在店名中，有時則是直接以福州附近的地名來為店家命名。

接著來到曼哈頓大橋下，即使頭上的地鐵列車每天來來往往，轟隆轟隆作響，橋下的小販仍是日復一日的堅守著城市角落，屬於福州人的「海外領地」；而再前行幾步，令人最期待的事來了：福州魚丸、乾麵、撈興化粉（撈化），一家接著一家林立。

在一頓飯動輒美金 20 元的曼哈頓，不到 10 元就能飽餐一頓的小吃，可以說是數一數二的平價美食，也是體驗和其他華埠不同的福州文化最好的方法。

即便有這些有趣的故事以及富有福州特色的美食，小福州乃至於整個曼哈頓老華埠，整體上來說不算是太舒服的居住空間，建築往往頗有年代，從地下室到頂樓都得充分利用，給人的感覺是擁擠而狹窄的。這使得不少移民後來都移往其他地方，尤其是與曼哈頓一河之隔的皇后區（Queens）與布魯克林區（Brooklyn），小福州也不例外。

小福州街邊所見的攤販手寫廣告。

　　位在布魯克林區的日落公園（Sunset Park），雖然最早是由粵語使用者建立，2000 年後就成為了新的小福州，如今規模比「曼哈頓小福州」還大，走在街上，不但可以看到和東百老匯類似的店家和招牌，還有許多在人行道上開架販賣水產，甚至少數使用福州話的華人教會「閩恩教會」都在此設有兩個分堂，顯示該地福州群體之龐大。

紐約曼哈頓一景，前景是小福州座落的東百老匯，背景則是曼哈頓金融區的高樓群。

─如何前往
搭乘地鐵到 Brooklyn Bridge - City Hall 站或 Canal St 站下車。

─推薦旅行方式
從曼哈頓下城的紐約市政廳出發，經過林則徐銅像一路逛到東百老匯與另一端的老華埠，再往北還可以串連小義大利與蘇活區！

皇后區
國際特快車

　　與曼哈頓一河之隔的皇后區，是美國文化最多元的百萬以上人口郡級行政區。移民將母國文化與地景複製到這裡，出現了一個又一個的「小 XX」街區。這裡的交通骨幹之一、沿著羅斯福大道（Roosevelt）前進的 7 號線，也因此有了「國際特快車」（International Express）的暱稱。彷彿只要搭上這班列車，就能在短短幾十分鐘內穿越好幾個國家。

　　現在，就讓我們一起搭上這班國際特快車，拜訪途中有趣的地方吧！

● 阿斯托里亞：從小希臘到小埃及

　　阿斯托里亞（Astoria）與曼哈頓島只有一河之隔，搭乘 N、W、E、M、R 跨過東河進入皇后區，大概只要 4 站就可以到達。由於鄰近曼哈頓、又被河流這道天然屏障分割，在曼哈頓發展日漸飽和的時候，尋求較低房租的移民與勞動階級便開始移居至此，也讓這裡在不同年代留下了不同國家移民的足跡。

　　阿斯托里亞最重要的南北向主街叫做史坦威街（Steinway Street），講到這個名字，想到的或許是鋼琴廠牌──沒錯，這條路的名字正是來自這個知名的鋼琴品牌！

來自德國的亨利・史坦威（Heinrich Engelhard Steinweg）家族，在 1850 年代移民美國，在阿斯托里亞設立鋼琴工廠，並且建造了城鎮，提供工人居住。之所以選擇這個地點，是因為相對於當時工廠密布的曼哈頓島，這裡工業化程度低，也還沒有發展出強勢的工會組織。因此，這塊土地就從鋼琴工廠與工人城鎮起家，發展到今天成為頗具風格的社區。

在 1960 年代初，由於來自希臘的移民快速增加，阿斯托里亞一度被稱為「小希臘」，還設立了一個「雅典廣場」（Athens Square），裡面有好幾位希臘歷史名人的雕像，甚至還有模仿神殿遺跡建造的圓柱。不過，到了今天，希臘移民數量已經非常少，只剩下一兩家店招牌上還能看到希臘字母，取而代之的是來自地中海地區、特別是伊斯蘭國家的移民。

阿斯托利亞曾經是小希臘，但如今希臘移民人口已經相當少，圖中以希臘城市塞薩洛尼基（Thessaloníki）為名的珠寶店是少數仍然具有希臘移民色彩的店家。

今天如果走在史坦威街上，可以看到不少中東、地中海系的餐廳與店家，許多肉鋪上面掛著大大的「Halal」（清真）字樣，商店櫥窗裡陳列著精巧奪目的水煙壺（hookah），還有店家故意把外觀做成神殿造型的埃及餐廳，但是整個風格又不像真正的歷史遺跡，反而有點主題樂園的逗趣感，看起來相當可愛。

我隨意走進了一家店，買了簡單的甜點當早餐，一邊和來自黎巴嫩的老闆寒暄著；已經來到美國30年的他，至今仍然和母國的親友來往頻繁。

無論是來此居住還是散步，今日的阿斯托里亞都是頗受矚目的一塊區域。漫步在洋溢地中海風情的阿斯托里亞街道，再結合東河邊的阿斯托里亞公園（Astoria Park）與美籍日裔雕刻家野口勇博物館（Noguchi Museum），都非常適合玩膩曼哈頓的遊人到此做半日散策。

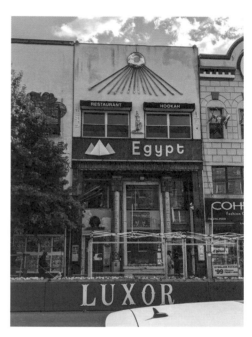

阿斯托利亞史坦威街上的埃及餐廳，有些將自己裝飾得相當浮誇，像是主題樂園一般。

一如何前往
搭乘地鐵 N、W 線於 Broadway 或 30 Ave 下車，或者搭 E、M、R 線到 Steinway St 下車。

● 伍德賽德：小馬尼拉

在美國的許多東亞裔移民中，菲律賓裔算是相當特別的一群人，他們不只人數多，而且和其他族裔的通婚率特別高，在許多城市中都能見到龐大的菲律賓移民社群，紐約皇后區的伍德賽德（Woodside）更有著「小馬尼拉」的稱號，當地有高達 15% 的人口是菲律賓人。

菲律賓人之所以在美國亞裔中存在感格外強烈，和兩國之間千絲萬縷的歷史有關。

經歷了 333 年（1565—1898 年）的西班牙殖民之後，菲律賓群島在1898 年因為美西戰爭而被割讓給美國，一路到 1946 年才獨立，而在那之前的菲律賓其實就和關島、波多黎各等地一樣，是美國的海外領土（當然你也可以直接理解為「殖民地」）。這個特殊的地位，讓菲律賓和美國從此結下不解之緣；即使是在菲律賓獨立建國之後，移民潮也從來沒有減緩，而且還一直延續到今天。

伍德賽德的街區，位於「國際特快車」地鐵 7 號線的高架橋下，每隔幾分鐘便會有列車從頭頂通過，而橋下道路兩側林立著菲律賓人開設的商家：超市、商場、餐廳與手機行，當然也少不了菲律賓的「國民速食」快樂蜂（Jollibee），以及連鎖烘焙店紅絲帶（Red Ribbon）。

我選擇了一間家庭式的菲律賓餐廳，打開菜單，發現上面有許多料理都叫做 -silog，查了一下才知道，原來「silog」是「大蒜炒飯」（sinangag）與「蛋」（itlog）的簡稱，是菲律賓式早餐常見的搭配；而 silog 可以與任何主菜搭配，例如醃牛肉（tapa），全部加起來就稱為「tapsilog」。

搞懂了這些文字組合，以後看到菲律賓菜單就不會再一頭霧水啦！

─如何前往
搭乘地鐵 7 號線於 61 St - Woodside 下車。

● 傑克遜高地：小西藏

從伍德賽德沿著地鐵橋下的羅斯福大道前進，不一會兒，便來到下一個熱鬧的街區傑克遜高地（Jackson Heights）。這裡號稱是全美國最多元的社區，有時在一塊招牌上可以同時看到六種文字，從東亞、南亞、拉丁美洲，甚至地中海的文化，都可以在這短短幾個街區中看到！不過，當初吸引我來拜訪的原因，卻是這裡的西藏文化。

傑克遜高地擁有美國最大的西藏人社群，號稱是在拉薩與北北印的達蘭薩拉（Dharamshala，西藏流亡政府所在地）之外，全世界第三大藏人首都！而西藏人移民美國的歷史，可以從 1950 年代說起。

自從中共軍隊入藏開始，原本西藏政府的政要便開始流亡海外，第一位移民美國的重要人士是一位活佛土登晉美諾布（Thubten Jigme Norbu），也就是第 14 世達賴喇嘛丹增嘉措的兄長，自此開啟了西藏人移民美國、形成自己社群，並且推動西藏文化認同的歷史。

傑克遜高地街邊多種文字並用的招牌。

但美國與西藏之間更緊密連結，則來自冷戰時期中央情報局（CIA）支持游擊隊的過往。1950 年代，試圖反抗中共統治的康區（即今日西藏東部與四川藏區）人士組成反抗組織，以當地的地形命名為「四水六崗」（ChushiGangdruk）。在美國中情局的資助下，他們在科羅拉多州的高海拔基地接受訓練，並且多次出入西藏起事，或者是協助美國取得情報，像是大躍進失敗、羅布泊核武試爆等資訊。這樣的合作關係，一直持續到 1970 年代美國開始改善與中國關係才停止。

即使不再支持游擊隊活動，美國仍然給予這些冷戰時期夥伴不少優惠措施，像是每年可以有 1000 名藏人透過多元化移民簽證計畫（diversity visa program，俗稱「綠卡樂透」）獲得美國的永久居留權，而這些人也能夠為家人申請依親移民，因而逐漸壯大了美國的藏人社群。

事實上，不只是藏人，另一個因為作為美國冷戰盟友而獲得資源的是寮國北部的苗族，同樣是在中情局支持下與寮國共產黨對抗，1975 年中南半島戰爭結束後受到美國特別的照顧，至今仍然是亞裔移民中非常特別的一群。

來到傑克遜高地，走出地鐵站最顯眼的是一輛輛西藏餐車，幾乎每一輛車上都掛著雪山獅子旗，最常見的美食則是西藏的小籠包Momo（這個字來自中國西北對包子饅頭類食物的統稱「饃饃」），口感比起中式小籠包要緊實一些，搭配的佐料則是酸奶與辣醬，一份不到美金 10 元（2020 年價格），在什麼都貴的紐約都會區可說是相當經濟實惠的選擇。

除了這些停在街邊的餐車之外，兩邊還有不少西藏餐廳，共同的特色就是門口都懸掛著經幡，在街道上飄揚，為地鐵橋下有些幽暗的空間增添了一些色彩，也將那遙遠而古老的西藏風情帶進車水馬龍的紐約街頭。

不過，傑克遜高地的異國文化，當然不是只有西藏！從中央的多元廣場（Diversity Plaza）出發，往北的 73 與 74 街，分別是孟加拉與巴基斯坦區，以及印度區，幾乎就是一條街一個國家。商店大多聚集在南北向的街上，而餐廳則集中在東西向的 37 大道上，各種不同類型的菜系聚集在一起，甚至還有「西藏日本融合料理」的神奇組合呢！

來到這裡，除了品嚐料理之外，觀察商店櫥窗裡的品項，或者親自到 Apna 這家大型南亞超市裡面逛逛，相信你會更清楚感受到這個街區的多元！更不用說，沿著羅斯福大道繼續往東走，會進入同樣精彩的拉丁美洲移民區可樂娜（Corona）。想要在一個小時的步行時間內跨越東亞、南亞到拉丁美洲，傑克遜高地是最佳選擇。

傑克遜高地路邊販賣常見於尼泊爾與西藏的國民美食摩摩（Momo）， 暱稱西藏小籠包，請留意餐車上的藏文與雪山獅子旗。

─如何前往
搭乘地鐵 7、E、F、M、R 線於 Jackson Hts - Roosevelt Av 下車。

● 法拉盛：從小台北到溫州商人地盤

搭乘地鐵 7 號線來到終點站，便是整個紐約市區甚至全美國最廣為人知的華人區法拉盛（Flushing）。這裡在 1970 年代曾經被稱為「小台灣」或「小台北」，而今天則容納了來自中國各省，以及全球各華人區的移民。

法拉盛和紐約許多地區一樣，最早是荷蘭人建立的殖民地，他們在這裡過著農牧為主的恬靜生活；但隨著紐約市快速發展，這些郊區小鎮快速都市化，終究被併吞成為紐約市的一部分。然而，它成為一座知名的華埠，不過是過去 50 年之間的事情。

從 19 世紀末的《排華法案》開始，美國根據國籍對於移民加諸許多限制，而華人移民一直都是被禁止的，這樣的限制一直到《1965 年移民和國籍法案》（Immigration and Nationality Act of 1965）才被解除。從 1970 年代開始，台灣籍為主的華裔人士大量移居美國，也決定了接下來 30 年間美國華人社區的風貌。

當時來到美國的這群台灣移民，大多社會經濟地位較高，而且說著國語，這使得他們在生活條件較差、說粵語為主的曼哈頓華埠顯得格格不入，因此選擇另起爐灶，建立起一個以國語為主的新華埠，也就導致了法拉盛小台北的興起。

順帶一提，法拉盛的例子在美國不是唯一，另一個類似的案例是南加州的蒙特利公園（Monterey Park），出現的背景脈絡和法拉盛基本上完全相同，也同樣曾經有著「小台北」的別稱。

在 1990 年代之後，隨著來到法拉盛的移民轉為中國籍為主，「小台北」的稱號逐漸走入歷史，法拉盛變成一個融合大江南北、非粵語人士的

「普通話華埠」，並且持續壯大，連帶造成周邊更多衛星華埠像是埃姆赫斯特（Elmhurst）、可樂娜、白石（Whitestone）的出現。

在這波持續蔓延擴張的風潮中，有一群人看似是華裔移民中的少數，卻以緊密的人際網絡掌控了大部分零售業甚至房地產，這群人是 1980 年代後快速成長的溫州人。

溫州人擁有華裔移民中相當少見的凝聚力，有句俗語說「天不怕，地不怕，就怕溫州人說鬼話」，溫州與外界隔絕的地理特性，使他們的語言非常獨特，強化了他們獨樹一格的文化認同。長期被中央政府忽略的歷史，培養出他們自食其力尋找出路的性格，也讓他們以善於經商聞名。如今，溫州商人的勢力已經擴張到全球，像義大利成衣製造重鎮普拉托（Prato）就是知名的海外溫州大本營，擁有 10 萬溫州人的紐約當然也不例外。

根據我一位學生時代全家移民美國的溫州朋友的說法，溫州人不只是自然聚在一起、生意上互相合作而已，就連找結婚對象時，都會偏好與溫州人結親；要是人與人之間有糾紛，第一件事情是去找溫州大老調解；就連小孩出生之後，都會偏好找了解溫州習俗的溫州月嫂。這簡直就是個實實在在的同「溫」層啊，溫州的溫。

雖然紐約沒有一座真正的「溫州城」，但溫州人的勢力早就深入了這裡的超市、商品批發與房地產市場，低調掌控著人們生活的許多面向，無怪乎他們有著「中國版猶太人」的別稱。

—如何前往
搭乘地鐵 7 號線到 Main St 下車。

• 自由大道（Liberty Avenue）：小圭亞那

結束國際特快車的旅程，我們可以轉搭地鐵 A 線，來到 Lefferts Boulevard 分支的終點，這裡有個叫做小圭亞那的社區。搭乘列車至此，會看到地鐵高架橋在終點站旁戛然而止，而前面沒有被橋梁遮蔽視線的街道，正是「小圭亞那」的所在。

講到圭亞那，不知道你腦海中首先浮出的是怎樣的面孔？事實上，圭亞那在南美洲是個頗為特別的國家，過去曾經是英國的殖民地，一旁的蘇利南曾經是荷蘭的殖民地，而另一邊的法屬圭亞那是法國的海外省區。這三塊地區與其他被西班牙或葡萄牙殖民過的南美國家，經歷過截然不同的歷史，我常戲稱他們為「南美邊緣三人組」。

皇后區小圭亞那。

也就是作爲英國殖民地的歷史，決定了圭亞那這個國家的人口組成。在19世紀上半，英國廢除奴隸制之後，來自亞洲的契約勞工（indentured labor）成爲塡補殖民地勞力需求的新寵，其中又以來自印度的勞工爲大宗，多達200萬人從次大陸移居當時英國在熱帶的殖民地，其影響到今日仍然明顯可見，像是斐濟與模里西斯這些國家高比例的印度裔人口，還有接下來要介紹的圭亞那。

　　今日的圭亞那，印度裔人口約占40%，是該國的第一大族群，也使得印地語（Hindi）與印度教（Hinduism）在當地仍然頗有影響力；而這樣的文化特質，也跟著移民們從圭亞那來到美國。在小圭亞那的街上行走，感受最強烈的不是加勒比海或南美洲文化，而是濃厚的印度風味，尤其是色彩豔麗奪目的紗麗店，門口垂吊著布料與七彩繽紛的裝飾，讓平常冷漠的紐約街頭多了不少節慶風味。而貨色繁多的蔬果攤、印度教神廟與祭祀用品店，或是印度穆斯林作禮拜的清眞寺，也都能在這條街上見到。

　　當然來到這裡，最不可錯過的就是「雙印融合料理」——結合了東方印度與西印度風味的圭亞那食物。我隨意找了一家圭亞那料理店，吃到的是炸魚咖哩配印度煎餅（Roti）。餐後覺得口有點渴，想要喝點什麼？沒問題，路邊的餐車有賣現榨的甘蔗汁！在緯度這麼高的地方能見到新鮮的甘蔗出現在街頭，可說是我在小圭亞那看到最大的亮點！

　　講到這裡，各位或許會好奇：既然小圭亞那如此充滿印度風味，那它和眞正的小印度又有什麼差別呢？就我個人的觀察，最顯而易見的應該是文字——在小圭亞那，基本上不會見到印度與孟加拉使用的各種婆羅米系文字（Brahmi script），只會看到英文，其中有些招牌還使用了模仿婆羅米系文字的英文字型。雖然是使用拉丁字母，卻以另一種形式保存了他們的印度認同。

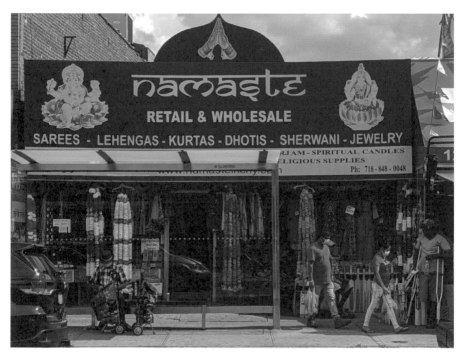

小圭亞那的街道上散發著濃濃的印度風味。

　　除了圭亞那人之外，我也注意到這裡有其他英屬西印度地區
（British West Indies）的移民，特別是千里達及托巴哥（Trinidad
and Tobago，注意！它們是一個國家），許多店家招牌上都有著兩國的
旗幟。雖然這個國家並未直接和圭亞那接壤，同樣是英國殖民地的背景，
卻讓這兩個移民社群有著深厚的連結。

★ ★ ★

布魯克林區布萊頓海灘

　　身爲前蘇聯迷，我幾乎是抱持著朝聖的心情來到布萊頓——全美國數一數二大的前蘇聯與東歐移民社區；不過，在認識紐約的布萊頓海灘之前，我們得先認識一下「布萊頓」（Brighton）這個地名的意義。

　　最早叫做布萊頓的城市位在英格蘭南部海岸，距離倫敦大約 80 多公里車程，一直以來都是英國人心目中理想的度假海濱所在。講到布萊頓，英國人心中浮現的就是陽光、沙灘與海洋的畫面。

　　那麼，紐約的布萊頓海灘又是怎樣的景象呢？

　　位在布魯克林區海岸線上的這塊土地，原本是片荒蕪的沙地；19 世紀後半隨著紐約的擴張，有人提出想讓這裡如同英國的布萊頓一般，成爲紐約人的度假勝地的想法，開始興建海濱度假村和娛樂設施。然而，後來因爲地鐵通車，布萊頓海灘逐漸演變成當日往返的市郊景點，而不是遊客們會過夜的海濱度假區。

　　時間來到 20 世紀初，已經相當擁擠的曼哈頓無法容納更多人口，尋求更低房產價格的移民開始往外尋找新的社群中心，其中包括了猶太人。紐約原本就是美國最大的猶太社群所在，而布萊頓海灘也因此成爲了最大的猶太人社區。1915 年時，意第緒語（Yiddish，使用於歐洲猶太社群中的一種日耳曼語言）報紙光在紐約發行量就高達 50 萬份！

（上）布萊頓海灘的塔什干超市，說明這裡有著許多來自前蘇聯國家的移民。（下）布萊頓海灘路上見到穿著傳統服飾的猶太教徒。

當時來到這裡的不只是猶太人。在第二次世界大戰之前，歐洲猶太人大多數居住在東歐，例如波蘭與蘇聯就占了 2/3 的猶太人口。由於這種地理上的高度相關性，使得其他的東歐移民加入當時已經存在美國的猶太社區，形成了在各大城市都可以見到的「東歐─猶太共生移民群體」。1970 年代之後，來自前蘇聯國家的移民取代猶太人，成為布萊頓海灘的多數族群，西里爾字母也開始在街上出現。從那時候開始，布萊頓海灘因為和烏克蘭南部濱海城市敖德薩（Odesa）的環境相似，因而被稱為「小敖德薩」。

　　到了 2000 年之後，即使蘇聯早已解體，仍然有移民透過這條前蘇聯連帶來到美國。新一代移民主力來自中亞各國，尤其是中亞人口最多的烏茲別克，再次改變了布萊頓海灘的消費與飲食地景。

● 在布萊頓海灘感受蘇聯文化

　　走出地鐵站，第一個看到的是規模頗大的塔什干超市（Tashkent Supermarket），對於兩年前才去過烏茲別克的我來說，簡直是一秒回到中亞的感覺！進入店裡，首先看到左邊陳列著各種圓圓的囊餅，那是我在

布萊頓海灘見到藥局使用的西里爾文字招牌。

中亞旅行時每餐都會吃到的東西；中間兩大排熟食區裡，有許多令我懷念的食物，像是中亞的小籠包「manti」等美食一字排開，相當壯觀！除此之外，店內牆壁上還掛著烏茲別克的主要城市，像是撒馬爾罕、布拉哈等地的照片，讓這個位在美國紐約超市瀰漫著一股絲路風情。

如果往東邊前進，可以看到猶太會堂，以及猶太教的燈台裝飾。我前往的那天，街上有不少穿著西裝與襯衫、戴著小帽的年輕猶太人在人潮較多的街道走著，嘗試接觸其他猶太人，或許是希望帶領他們重新回歸猶太教信仰。

至於地鐵站的西邊，就是滿滿的西里爾字母招牌了！尤其是藥局、雜貨商店、律師事務所最常見，我也利用這個機會，複習了一下在前蘇聯國家旅行時反覆看到的那些單字：

аптека (apteka): 藥局
вход (vkhod): 入口
касса (kassa): 售票處、收銀

話說回來，既然叫做布萊頓海灘，海邊的開闊沙灘還是有的，即使在疫情下，人潮仍然不少；不過，比起度假海灘，這裡更像是個城市近郊的休閒空間，沒有什麼觀光氛圍。我刻意將自己在塔什干超市買到的小吃帶到海邊來，一邊吹著海風一邊享用，感受著和曼哈頓截然不同的愜意氛圍。

● 中亞高麗料理

布萊頓海灘的前蘇聯／東歐料理不少，除了前面提到的塔什干超市之外，還有幾家高級的烏克蘭餐廳，以及在前蘇聯國家內廣受歡迎的喬治亞菜；然而真正吸引我到此的，卻是一種中亞高麗人（Koryo-saram）的料理。

中亞高麗人是誰？他們是一群原本居住在俄羅斯遠東地區，卻在二次大戰前夕被迫遷移到中亞的朝鮮人。19 世紀晚期，朝鮮半島北部咸鏡道一代的窮困朝鮮人，移居到更北方的大清帝國求生存；然而，在 1860 年《中俄北京條約》將這塊地割讓給俄羅斯，他們就莫名其妙地成為了俄羅斯人。

　　這些人在遠東區一路居住到 1937 年，當時的朝鮮半島已經是大日本帝國領土，蘇聯以可能通敵、影響國家安全為由，強迫這些朝鮮人遷移到遠方的中亞烏茲別克境內。

　　相較於臨海濕潤的俄羅斯遠東區，烏茲別克這個既乾燥又距海遙遠的「雙重內陸國」，對於朝鮮人來說完全是難以生存的環境。然而，他們在那裡存活了下來，並且形成了一套獨特的生活方式，不但自己興建灌溉系統來種植作物，也因地制宜發展出屬於自己的中亞朝鮮料理。我刻意在一次拜訪紐約的時候到此用餐，為的就是體驗這樣的料理。

　　這家店不大，坐落在毫不起眼的街角。一進門聽到亞洲面孔的阿姨接起電話來說了「Da！」（俄羅斯語中的「是」），我馬上知道自己來對地方了。

　　平常這家店會提供各式烏茲別克與前蘇聯料理，因此理論上朝鮮冷麵、烏茲別克的烤肉串和東歐的甜菜湯（borscht，即羅宋湯）會出現在餐桌上。不過，因為負責製作烏茲別克料理的廚師正好不在，只剩下中亞朝鮮料理可以選擇，於是我點了兩道菜：

販賣中亞高麗人料理的烏茲別克餐廳。

Kuksu：中亞版的朝鮮冷麵，裡面加入蛋絲、小黃瓜、泡菜與牛肉，看似與朝鮮版沒有太大差別。不過，在我拜訪的那天因為氣溫較低，烏茲別克大嬸直接將冷麵做成熱的，也算是因地制宜的做法。

Pyanse：中亞版本的高麗菜肉包，和我們想像中並沒有太大差異。

當晚店裡幾乎沒有其他顧客，我順勢和阿姨閒聊了起來。阿姨雖然英文不太好，用簡單的單字加上比手畫腳還算可以溝通。來自烏茲別克的她，三個女兒現在分別居住在紐約、莫斯科和塔什干，正好就是與故鄉不同遠近的三座城市。來到美國之前，她曾經居住在首爾一段時間，因此會說韓語，這點和出生在烏茲別克的朝鮮人很不一樣。

阿姨說，在 2020 年疫情爆發之前，她回到烏茲別克，原本一個月後就要返回美國，誰知道疫情導致班機一再被取消、延後，等到她再次踏上美洲土地，已經是六個月之後的事情了。

在交談中我很興奮地告訴她，我去過烏茲別克！並且把當時在希瓦古城、撒馬爾罕帝國古都的照片給她看，她非常開心。畢竟在美國，要遇到去過烏茲別克的人真的不容易啊！

那天紐約的夜晚很冷，這間小店也生意冷清；然而這頓晚餐與這段對話，卻讓我們兩人都溫暖了起來。

─如何前往
搭乘地鐵 B、Q 線到 Brighton Beach 站下車。

─推薦旅行方式
布萊頓海灘距離著名的海濱娛樂區康尼島（Coney Island）不遠，可以將這兩個行程結合在一起，度過既歡樂又有文化深度的一天。

哈林：非裔文化復興發祥地

紐約的非洲裔文化中心哈林（Harlem），距離知名的哥倫比亞大學不遠；街道上不少小販都販售上面寫著「哈林大學」（Harlem University）的偽大學 T 恤，或許刻意想和旁邊的這間知名學府打對台。在 1920 年代，這裡曾經掀起一場哈林文藝復興運動（Harlem Renaissance），非洲裔社群主導的藝術、文學與音樂創作突然大爆發，為後來的美國非裔藝術奠定下基礎。

哈林有兩條值得一看的街道，正好也是兩個使用不同語言的非裔社群，能讓我們了解非裔的不同面向：

- 125 街，以美國本地以及其他英語系非裔文化為主，是人潮較多的商業區，有一般美國連鎖店，但也有非裔人士經營的攤販，很適合來這邊挖寶或跟商家搭話。

- 116 街，比較冷清一些，主要是西非法語系的非裔移民，有人稱之為「小塞內加爾」。店家不多，但可以看到一些法文以及阿拉伯文的招牌，以及標榜清真的餐廳與店家。

曼哈頓哈林區 116 街，是來自西非的法語系移民聚集區。

─如何前往

搭乘地鐵 A、B、C、D、2、3、4、5、6 號線到 125 St 站下車。

華盛頓高地：小多明尼加

曼哈頓這座長長的島嶼看似平坦，其實北端地勢相當崎嶇，而整個曼哈頓島最高的地方，正是有「小多明尼加共和國」之稱的華盛頓高地（Washington Height）。

美國境內約有 200 萬的多明尼加裔移民，其中不少是在前獨裁者拉斐爾·特魯希略（Rafael Trujillo）統治期間抵達，許多聚居於華盛頓高地。走出地鐵站，迎面而來的便是加勒比海風味十足的商店與攤販，排列在百老匯（Broadway）兩邊的人行道上，尤其數量繁多的海鮮食材店，更說明了這個社區和大海的緊密關聯。

（左）華盛頓高地的多明尼加餐館。（右）華盛頓高地路邊聚集的攤販。

華盛頓高地最著名的景點，是紐約大都會博物館的修道院博物館
（The MET Cloister），以仿照修道院的建築風格，作為中世紀的收藏
品的展覽館，無論建築本身還是展品都值得一看，是許多遊客會到訪的地
點，可以和小多明尼加一併造訪。

─如何前往
搭乘地鐵 1 或 A 號線至 181 St 下車。

布魯克林市中心：葉門咖啡與黎巴嫩超市

雖然它並非紐約最有伊斯蘭風味的地方，但布魯克林市中心 Atlantic
Avenue 的葉門餐廳（Yemen Cafe），是我非常喜歡的地方。

由於多年的戰亂，目前葉門在全世界飢餓指數排名第二，國內的
2800 萬人口中，有多達 2400 萬需要人道救援。雖然暫時無法以背包客的
身分踏上這個國家，能夠藉由料理稍微認識葉門的文化，進而關注這個國
家當前的需要，個人覺得是很好的體驗。

吃完葉門料理，推薦到正對面的黎巴嫩超市 Sahadi's 逛逛。裡面有
個琳瑯滿目的中東食材，其中最引人注目的大概是那一桶桶的咖啡豆，讓
人見識到咖啡與阿拉伯半島以及伊斯蘭世界的密切關聯。

─如何前往
搭乘地鐵 2、3、4、5 號線至 Borough Hall 站下車，或是搭乘地
鐵 N、R、W 線到 Court St 站下車。

布朗克斯：嘻哈文化發源地

位在曼哈頓北邊的布朗克斯（Bronx），應該是紐約市裡遊客最少踏足的區域。不只觀光客不會去，事實上連住在紐約多年的人可能都未曾來過。過去幾十年來，這裡背負著去工業化、環境破敗、治安不好的社會觀感，即使近年已有許多更新重振的計畫，似乎還無法完全洗去一般人的刻板印象。

不過，情況正在轉變中──位在布朗克斯的洋基球場（Yankee Stadium），2009 年重建完工，周遭開始出現越來越多的新建案，包括目前正在籌備中、預計 2024 年開幕的環球嘻哈博物館（Universal Hip Hop Museum），也許未來會被納入觀光客的必訪景點清單中！

在布朗克斯的少數族裔社區裡，有著街頭派對的傳統，非洲與加勒比海裔年輕人將不同節奏混合，搭配表達自我意識的歌詞，逐漸形成了享譽全球的嘻哈音樂。當年被認為不入流的音樂類型，如今有了國際影響力，並帶動了不同文化中的嘻哈風潮，而其發源地就是布朗克斯！

━如何前往
搭乘地鐵 2 號或 5 號線到 3 Ave - 149 St 站下車。

波士頓中國城主街 Beach Street ，兩岸的國旗在街道上同時存在著。

菜鳥移民在美國的起點：
波士頓

8

2010 年 8 月 11 日清晨 6 點，我在美國航空 192 號班機上往窗外看，清晨的陽光悄悄打亮了錯落在綠蔭間的房屋；飛機轉向傾斜的時候，可以望見起伏不大的丘陵地間散落著無數個湖泊；45 分鐘後，飛機準時降落在羅根國際機場（Logan International Airport）。我從空橋走出飛機，來到這個接下來兩年要居住的地方——麻州的波士頓都會區。

來到一個新的城市就像認識一個人，對他的第一印象通常會特別深刻，但是往往得相處一段時間之後才會發現對方真實的面貌。來到波士頓，就像是去見第一次碰面的網友一樣。

沒想到的是，後來我和這位網友交往了兩次，第一次大約兩年，分手後又不忘舊情，再次展開了另一段長達六年半的關係。八年半的時間過去了，我們成為對彼此瞭若指掌的家人。

波士頓在旅遊市場的地位如同台灣的台南、日本的京都、中國的杭州，都是擁有豐富歷史感的大城市，來到波士頓旅行，通常少不了美國獨立革命的歷史現場，以及幾所世界頂尖學府的朝聖行程。然而在此之外，波士頓其實是座移民大城，除了教科書上一定會寫到、以白人視角出發的五月花號、茶黨歷史，它也是許多菜鳥移民在新大陸生活的起點，包括當年的我。

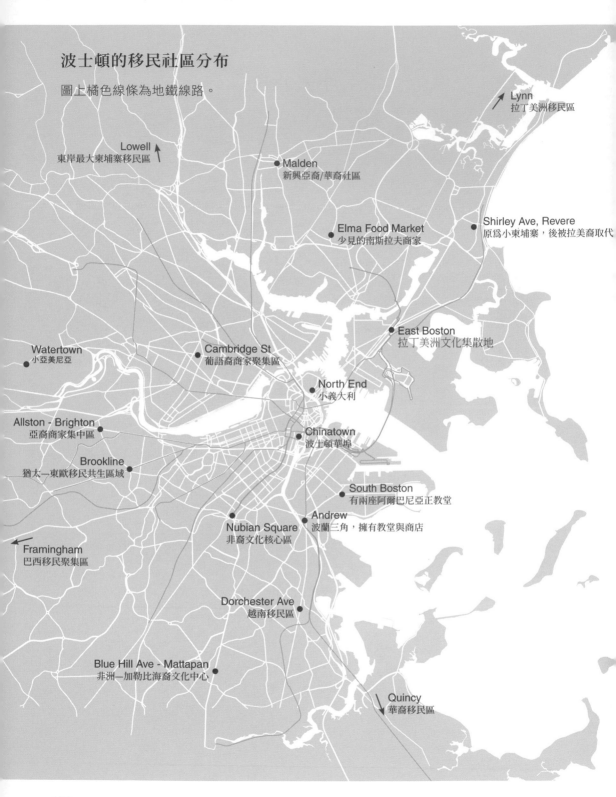

波士頓的移民社區分布

圖上橘色線條為地鐵線路。

Lynn
拉丁美洲移民區

Lowell
東岸最大柬埔寨移民區

Malden
新興亞裔/華裔社區

Elma Food Market
少見的南斯拉夫商家

Shirley Ave, Revere
原爲小柬埔寨，後被拉美裔取代

East Boston
拉丁美洲文化集散地

Watertown
小亞美尼亞

Cambridge St
葡語裔商家聚集區

North End
小義大利

Allston - Brighton
亞裔商家集中區

Chinatown
波士頓華埠

Brookline
猶太—東歐移民共生區域

South Boston
有兩座阿爾巴尼亞正教堂

Andrew
波蘭三角，擁有教堂與商店

Framingham
巴西移民聚集區

Nubian Square
非裔文化核心區

Dorchester Ave
越南移民區

Blue Hill Ave - Mattapan
非洲—加勒比海裔文化中心

Quincy
華裔移民區

中國城，
彼此競爭的兩個中國

　　剛來到波士頓的前兩年，對於當時是個窮學生的我來說，中國城是個讓人又愛又恨的地方，一方面為了省錢、為了煮出熟悉的菜色，我總是每週固定到中國城的超市報到；偶爾想要外食，最物美價廉的選項也在中國城。另一方面，稍嫌骯髒的街角總是讓人有點不舒服，更別說在以粵語為主的中國城裡，不諳粵語的我，偶爾還是會受到相對不禮貌的對待。

　　但中國城的存在對我還有另一層意義，那就是發現自己成長過程中習以為常的「中華民國」，在海外的華人社群裡，竟然有那麼強烈的存在感。

　　波士頓中國城的主要入口有一座大大的牌坊，上面寫著「天下為公」，是來自姊妹市台北的贈禮。這條街上早期原本有著類似芝加哥市區的高架鐵路，一直到近代才蓋上了牌坊。牌坊旁邊的公園總是擠滿了下棋的長者，嗅不到想像中的新英格蘭風味。

　　另一個有趣的角落則位於地下隧道通風口旁，有座相當不起眼的天安門事件紀念碑。2017 年中國作家劉曉波病逝的時候，這裡被擺上了不少花束。這座紀念碑的存在，說明對這裡的華人而言，他所認同的「中國」不一定是「中華人民共和國」。

（左）波士頓中國城的燈籠與背景的金融區大樓。（右）波士頓中國城入口的拱門，由姊妹市台北贈送，上面總是掛著美國與中華民國國旗，是個五星旗始終無法攻陷的地標。

記得我剛搬到這裡的時候，中國城幾乎掛的都是青天白日滿地紅的國旗，尤其幾個傳統僑社和中國國民黨黨部，頂上飄著大大的中華民國國旗。那是我第一次意識到，原來這面讓我們天然獨世代相當無感的旗幟，在這裡代表的是另一個足以和中華人民共和國匹敵的正統中國。兩面在亞洲水火不容的旗幟，在這座城市裡同時出現，像是兩個互相競爭的「中國品牌」。

隨著兩岸勢力消長與移民結構的改變，在波士頓的八年半裡，我親眼見證了五星旗的數量增加、青天白日滿地紅的地盤縮小，然而「兩個中國」並存的局勢，迄今仍未改變。

離開波士頓之前，鄰近市中心與南車站的中國城，仍然是我喜歡前來消費的所在。這裡的港式燒臘與飲茶水準普遍不錯，海鮮餐廳也擅長龍蝦料理，距離主要旅行路線又不遠，推薦給來到波士頓旅行的各位。

不少傳統僑社仍然選擇懸掛青天白日滿地紅。

北角美食

★ ★ ★

與義大利移民

　　位在自由之路上的北角（North End），不只是觀光客喜愛的義大利美食集散地，也是波士頓在地人喜歡居住或用餐的街區。這裡究竟爲何會以義大利料理聞名？

　　今日我們所稱的「美國人」，除了原住民之外，都是過去 400 年從世界各地遷居至此的移民；而早到者歧視晚來者，是這個國家歷史上不變的常態。在 19 世紀的新英格蘭，掌握社會經濟資源的多是來自大不列顛的移民，其次是同樣信仰基督新教的歐陸移民。至於來自愛爾蘭、義大利的天主教信徒，或者歐洲各地的猶太人，在當時是位於白人歧視鏈底端的一群人。

波士頓的小義大利「北角」一景。

其中來自義大利的移民，超過八成來自工業化程度較低、相對窮困的南方，連在國內都被人看不起了，更別說是語言和文化隔閡更加嚴重的美國。來到新大陸的他們，在波士頓市中心找不到容身之地，於是將目光轉向市區的東北角——

那裡有條路叫做大西洋大道（Atlantic Avenue），路上有著一條高架鐵路，清楚標示著市中心精華區的邊界；通過這條路，便進入環境較差、房租相對低廉的地區。當時來自義大利的移民逐漸開始聚集於此，形成了波士頓的「小義大利」，也就是今天北角義大利區的雛形。除了移民社區之外，這裡也曾經是波士頓的紅燈區。

當時義大利移民受到歧視之嚴重，可以從我一位朋友的家族姓氏故事略知一二。來自義大利的他們，原本姓氏結尾是 -fari，由於這樣的拼法可以明顯看出是義大利姓氏，為了避免受到歧視，決定將最後兩個字母 r 和 i 對調，改姓為 -fair 結尾，這下馬上變成看起來比較「高尚」的法國人！

如今的美國社會裡，義大利人的處境比當年好了許多，哥倫布日成了他們大肆慶祝、擁抱自身文化認同的節日（哥倫布雖然受西班牙資助航行到美洲，其實是義大利人）。波士頓的小義大利則成為廣受歡迎的特色街區，主要街道 Hanover Street 以及知名烘焙店 Mike's Pastry，每到假日總是人潮洶湧。

至於那條曾經隔開市中心與北角的高架鐵路，後來一度變成高架橋，最後在號稱史上最貴交通工程「大挖掘」（The Big Dig）完工之後被地下化，地面成為寬敞的都市綠廊，被分割成兩半的市區終被縫合，成為今天所見到的樣貌。

沃特敦的
兩面亞美尼亞國旗

　　位在劍橋市（Cambridge）的哈佛廣場是所有遊客必到之處。除了朝聖首屈一指的學府之外，廣場四周的紅磚建築與窄小街道保存了新英格蘭小鎮早期的風貌。從這座廣場出發，有幾條 7- 開頭的無軌電車（Trackless Trolley）路線，通往西邊的沃特敦（Watertown）街區。

　　沃特敦的特別之處，是這裡聚集了相當多亞美尼亞店家，走在街上不時可以看到亞美尼亞的國旗飄揚著，好幾公里的街道上都能見到他們的餐廳、超市、烘焙坊和社區中心。有趣的是，我還曾經見到一處同時掛著一面亞美尼亞國旗，另一面是和亞塞拜然有領土爭議的阿爾察赫（Artsakh，又稱納戈爾諾·卡拉巴赫）旗幟，對於領土主權的堅持一路延續到新大陸來。

　　我曾經一時心血來潮，跑到亞美尼亞使徒教會（Armenian Apostolic Church，亞美尼亞的國家教會）參加禮拜。當時正值大齋期間（Lent），教堂內的聖像被一塊超大的黑布蓋住，仍然可以感受到原本的氣勢。

波士頓沃特敦的亞美尼亞堂，可以見到同時懸掛兩面國旗，上面是亞美尼亞國旗，下面則是與亞塞拜然有領土爭議的阿爾察赫旗幟。

　　整場禮拜幾乎都是按照一套固定的儀式進行，全程幾乎沒有講話，而是以吟唱的方式進行，採用的語言是古亞美尼亞文，這下問題來了！這種古語連現今的亞美尼亞人都未必能完全理解，我又如何搞懂身旁的人到底在幹麼呢？

　　亞美尼亞教會顯然有意識到這個問題，因此禮儀本上有四種語言並排——古亞美尼亞文、當代亞美尼亞文、拉丁化亞美尼亞拼音，以及英文翻譯；更貼心的是，聖壇上方掛了一個電子數字顯示器。隨著儀式進行，提示與會者現在該看哪一頁，旁邊還放了一盞紅燈，紅燈亮起時會眾就起立、熄滅時會眾就坐下。

　　以移民為主的宗教團體中，如何因地制宜顧及不同人的需要，向來是我喜歡觀察的一個重點。

　　當天正好聖派翠克節（St. Patrick's Day）剛過，主教很巧妙地將這個屬於愛爾蘭人的節日，和亞美尼亞連在一起。他說近期研究發現，曾經有許多亞美尼亞人以奴隸身分前往愛爾蘭，而文獻記載，裡面有一位很可能是聖派翠克的人物。真實性究竟為何，不得而知，但嘗試將自身文化與名氣響亮的歷史人物連結，或許也是種強化認同的方法吧。

　　拜訪完亞美尼亞教會後，我來到附近的亞美尼亞餐館 Jana Grill & Bakery 吃午餐，點了一份號稱「亞美尼亞漢堡」的 Losh Kebab，是一半牛肉、一半羊肉加上各種香料的傳統菜餚，配上香芹（Parsley）、甜菜、洋蔥、香菜與醃黃瓜，多汁鮮美，加上味覺層次豐富，讓我對這個文化與族群的好感，又默默地提升了一些。

　　另外，在此推薦這裡的美國亞美尼亞博物館（Armenian Museum of America），規模不大，卻能從亞美尼亞移民的視角出發，讓我們認識這個國家的現今與過往。

東岸最大的

★ ★ ★

柬埔寨移民社區

「我讀小學的時候，同學裡面有超過 40% 都是柬埔寨人！」我的朋友艾德格這麼說。

艾德格來自羅馬尼亞，在冷戰末期隨父母移民波士頓，但迎接他們的卻不是想像中沉穩、古典、歷史感十足的波士頓老城風景，而是相對貧窮的移民區里維爾（Revere），生活條件甚至還不如母國，完全打破了他們離開共產國度時對美國懷抱的美好想像。

羅威爾街道一景，這裡擁有美國東岸最大的柬埔寨社區。

當時這裡有著「小柬埔寨」的稱號，數以萬計的柬埔寨移民落腳於此，形成屬於自己的商圈。現在雖然規模不再，還是能在不少招牌或櫥窗上看到柬埔寨文字。他們究竟是如何來到這裡的？

原本屬於法屬印度支那（French Indochina）的柬埔寨，在二次大戰後重新成為獨立王國，然而接下來局勢並沒有穩定太久，柬埔寨後來也被捲入隔壁越南戰爭的烽火中。隨著越戰結束、紅色高棉掌權，1970 到 1990 年代是柬埔寨最動盪的一段時間，也是最多難民遠走他鄉的時期，其中有多達 15 萬 3 千人來到美國。

美國初期的政策是，為了幫助難民「融入」（assimilate）美國社會（或者說是讓他們被同化），盡可能將難民分散到美國各地，包括某些幾乎沒有亞裔移民的中西部城市。但難民們要融入美國社會哪有那麼簡單？「融入」這件事情，對於受過高等教育的國際學生來說都很困難了，何況是那些不諳英文、無親無故的難民？

這使得不僅僅是柬埔寨移民，來自許多國家的移民都有在美國境內「二次移民」的現象，也就是在被分配到的地點居住一段時間之後，再次搬移到文化、語言、環境都比較適應的地方，和來自母國的其他移民聚集在一起。經過幾十年的遷徙流動，目前美國境內的柬埔寨人大多聚集於加州與麻州，其中在麻州最大的兩個聚落是羅威爾和林恩—里維爾（Lynn-Revere）。

於是我特別抽空來到離家不遠的里維爾，走入其中兩家柬埔寨超市，想透過這樣簡單的田野觀察，更認識身邊的這些柬埔寨移民。

從進門開始，馬上就感受到典型的亞洲商店氣氛——各種醬料、食材、貨品的氣味混雜在一起，走道狹窄，光線不太充足。雖然不像美國超市那樣商品應有盡有，連棉被都有賣，甚至還提供影印與傳真服務。

波士頓里維爾柬埔寨超
市裡賣的雜貨。

　　不同於豬肉種類最多的華人超市，這裡牛肉的數量超過豬肉，而且很
容易看到牛肉片、牛百葉、牛腱、牛肉丸等，我猜是因為這些都是煮河粉
的重要食材。

　　亞洲超市的共通點就是醬料的種類和數量驚人。雖然是柬埔寨超市，
裡面仍然可以找到一些中日韓的品牌，只是數量相對少；同樣的，在中日
韓超市裡，也可以找到一些數量相對少的東南亞食材。

　　除了食材之外，非食材的部分同樣精彩，在角落的貨架上可以找到斗
笠、蠟燭、線香。店裡也供奉著神像，神龕上面寫著漢字。

　　後來又有另一次機會，我來到全美第二大的柬埔寨社區羅威爾。這是
座 19 世紀美國工業化的樣板城市，由於紡織廠的建立，讓這個本來連小鎮
都沒有的地方瞬間變成城市。工業城市不只創造了新的地景，也帶來了新
的文化——先是愛爾蘭人與德國人，後來則有越來越多的東歐移民加入工
人的行列；此外，紡織廠大量僱用女工，使女性走出家庭並且經濟獨立（雖
然薪水不到男性的一半），間接促成美國性別地位的改變。

英國作家狄更斯在 1842 年拜訪了羅威爾，參觀這座當時全美最先進的工業城市，並且近距離了解當時女工的日常生活。回到英國之後，隔年就出版了舉世聞名的代表作《聖誕頌歌》（A Christmas Coral，或譯《小氣財神》）。後來有學者認為，《聖誕頌歌》裡的部分情節其實來自當時羅威爾女工的創作。

回到羅威爾的柬埔寨社群。這裡的柬埔寨移民多達 2 萬人，移民區內可見到一個接著一個的高棉文招牌，由於這裡移民人口實在太多，柬埔寨政府乾脆設立了一間領事館，清楚標示這塊區域的文化歸屬。

我和友人走入一家相當不起眼、家庭式經營，在網路上評價相當好的餐廳。按照慣例，我們先從招牌河粉點起。

柬埔寨的河粉看起來非常平凡，用料卻相當豐富，裡面有著碎肉、肉丸、花枝、蝦仁等配料；湯頭本身偏向清甜，和我們在美國最常吃到的越南河粉（Pho）不太一樣。一旁的豆芽靜靜躺在盤子上，等著饕客把它摻入湯裡；上面撒上了大量的蔥花、香菜、油蔥酥提味，這點和台灣小吃的做法有些相似，也讓我一直都對柬埔寨河粉的喜愛度高過越南河粉。

其他菜色也沒有讓我們失望。除了神似韓式炸雞的雞翅之外，還有一種叫「侏儒麵」（Dwarf Noodles）的麵條，看上去像是台灣的米苔目，裡面拌炒著豆芽、蔥和牛肉，上面蓋著荷包蛋，看起來像是台灣的便當菜。

餐後回到街上漫步，繼續感受這裡濃厚的高棉氛圍。作為半個觀光客，街上看到的一切都像是出國一樣讓我感到新奇，但在那裡遇見的人們卻顯得沉默，彷彿這些都只是他們再平凡不過的日常。

舊金山中國城一景。

亞裔移民的歷史軌跡：
舊金山與北加州

9

　　我居住在加州的舊金山灣區，身邊認識的華人或台灣人大多受過高等教育、在知名大公司裡面工作；然而，如果我們回到一個世紀以前的加州，會發現這裡同樣亞裔、華裔人口極多，從事的工作與待遇，卻是天壤之別。

　　對於早期移民歷史的興趣，讓我開始系統性地逐一拜訪北加州移民歷史上的重要地點，試圖從中拼湊出早期移民的生活面貌。就讓我們一起拜訪幾個充滿故事的歷史場景吧！

不存在天使待遇的
天使島

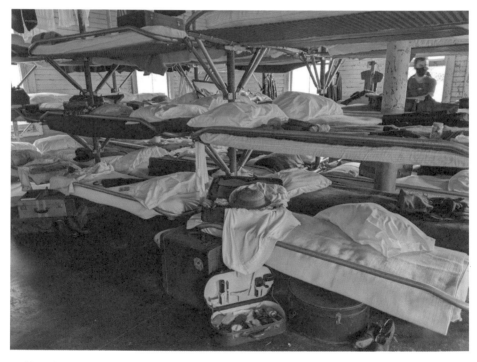

天使島上的拘留所，三層臥鋪像蜂窩一樣密集，讓人感受到當年拘留所環境之
惡劣。

舊金山灣裡的惡魔島（Alcatraz Island）一直是超熱門景點，北邊面積更大的天使島（Angel Island）則相對乏人問津。對於 20 世紀初來到加州的華人移民來說，這座小島是他們美國生活的起點，而且是個一點都不天使、反而像地獄般的起點。

當時遠渡重洋來到美國的移民無論國籍，都得先到離岸的移民站接受盤查，其中在紐約港設有總督島（Governors Island）移民站，舊金山港的移民站則設在天使島上。

移民站的功能固然是移民審查，但自從 1882 年美國頒布《排華法案》（Chinese Exclusion Act）之後，美國停止接受華人移民，僅有美國公民及其近親能夠入境，也使得天使島上的移民審查變得極其嚴格，不只可能得在島上等待好幾個月，還有高達 30% 的機率被遣返！

走入天使島的移民站，已經成為博物館的空間展示了當年的生活環境。簡陋的屋舍裡面，上中下三層行軍床如蜂窩般排列，相當擁擠。夢想前往的美國大地近在眼前，當下面對的卻是沒有盡頭的等待。

最令人印象深刻的，是當時這些人用中文在木板牆上留下的詩句，道盡當時的煎熬與無奈。館方很貼心地請人以粵語朗讀這些詩句，鏗鏘有力的聲音迴盪在屋舍間，讓人更深刻體會當年移民被拘留時的心境。

既然風險那麼高，新世界的生活又不盡如人意，為什麼要不顧一切的遠渡重洋跑到美國呢？答案是為了生存。

1850 年代，最早抵達美國的華裔移民群體來自珠江三角洲，先是來自新會、台山、開平、恩平的四邑人（俗稱台山人），後是來自廣州一代的廣府人，這一帶在清朝後半一直有著糧食不足的問題，晚清的動盪使他們更積極向海外尋找機會。

從淘金到興建鐵路再到農場勞工，工資低、生產力高且不會反抗的華人，一直是加州發展過程中的重要勞力來源；即使在《排華法案》頒布之後，華人對於美國的嚮往並未停止，販賣「紙上兒子」、「紙上女兒」這種偽造移民身分的生意開始出現，人口販運也同時興起。

即使歷盡千辛萬苦成功上岸，新世界的生活也未必比較容易：遇到衝突難以求助於美國警察或司法，只能請華人組織幫忙，使得「堂會」與幫派之間的界線往往很模糊；男女比例嚴重失衡的社會，使得性產業蓬勃發展，許多華裔女性自願或被迫下海賣身。除此之外，還存在著綁架人上船工作的情形！

原來在淘金時代，許多人搭船到了新大陸就不願離開，導致當時來往於中美之間的船上缺工嚴重。為了取得勞力，當時會把受害人誘騙至特定房屋中，並將他們綁架上船強制勞動。由於船隻的目的地常是上海，這種綁架勞動的行為，當時在英文中被稱為「shanghaiing」（動詞化的「上海」）。

如今在舊金山旅行，這些故事都成了街頭導覽時的趣聞，在城市中還能找到當年綁架勞動的犯案地點，以及致力營救華裔性工作者的基督教會。從天使島漫長的等待，到上岸後一樣充滿挑戰的生活，當年一位華人移民要來到加州，可說是困難重重啊！

北加州亞裔歷史景點分布

除了舊金山灣區之外，大多位於北部及
東部早期淘金盛行的城鎮。

雲林廟
Joss House, Weaverville

列聖宮
ChineseTemple,Oroville

雷諾
Reno

關帝廟
Temple of Kwan Tai, Mendocino

北溪廟
Bok Kai Temple, Marysville

Joss House, Auburn

Chan House, Folsom

沙加緬度華埠

沙加緬度
Sacramento

周濟堂
Chew Kee Store, Fiddletown

樂居
Locke

華人蝦寮
China Camp State Park

秉公堂
Bing Kong Tong, Isleton

天使島
Angel Island

舊金山華埠

史塔克頓
Stockton

金門公園日本茶園　舊金山日本城

舊金山
San Francisco

聖荷西
San Jose

五聖宮
Ng Shing Gung, San Jose

幸運餅乾的歷史軌跡：

從日本茶園到中國城餅乾工廠

　　幸運餅乾（fortune cookie）是北美中餐館裡必備的廉價甜點，也是美國亞裔文化的代表性元素。我們都知道它在亞洲的華人文化圈裡並不存在，但它究竟是如何出現的？在挖掘答案的過程中我意外發現，原來它的誕生和舊金山這座城市息息相關，而且還見證了過去 100 多年美國亞裔社群的發展軌跡。

　　幸運餅乾的原型其實是來自日本的「辻占煎餅」，其概念是將神社參拜時所抽的「辻占」塞入「煎餅」中，將兩者結合的產物。根據記載最早出現於江戶幕府時期，並且在 19 世紀跟著日本移民被帶到美國。

　　1894 年，舊金山選定了濱臨太平洋岸的金門公園（Golden Gate Park）作為世界博覽會（California Midwinter International Exposition）場地，在公園裡興建了多座呈現異國文化的展區，包括美洲原住民、愛斯基摩人等，其中也包含一座日本茶園。這座日本茶園在博覽會結束後繼續保留，並由日裔移民萩原眞（Makoto Hagiwara）經營。

　　為了提供更完整、「沉浸式」的日本文化體驗，萩原改良了原本味道偏鹹的辻占煎餅，變成迎合美國人口味的甜點，在日本茶園內和茶飲一起販售。至於製造幸運餅乾的工作，後來是委託位在日本城裡、由岡村家創立於 1907 年的老字號甜點店「勉強堂」進行，這也使得幸運餅乾成為在日本甜點店中可以買到的商品，逐漸在亞裔社群中擴散開來。

（左）舊金山中國城一景。
（右）舊金山中國城製作幸運餅乾的工廠 Golden Gate Fortune Cookie Factory。

　　然而，問題來了！如果幸運餅乾原型來自日本，而且原本僅流傳於美國的日裔社群中，那它又是如何進入中餐館中，從日裔變成華裔文化的一部分呢？

　　1941 年日本攻擊珍珠港，迫使美國投入二戰的太平洋戰場，也讓居住於美國西岸的日裔人士被視爲對國家安全的潛在威脅；於是在隔年 2月，羅斯福總統（Franklin D. Roosevelt）簽署 9066 號行政命令，要求這 12 萬日裔人士無論背景、職業、是否在美國出生，全部都必須遷移到內陸的拘留中心。

拘留中心裡的生活大概是什麼樣子？每個家庭被給予 6m×6m 大、軍營般的狹小空間，而且必須接受「忠誠度測試」，不夠忠誠者會被轉送管理更嚴密的集中營；而在拘留營裡面也不能閒著，必須從事中心安排的勞動工作，換取微薄的薪水，同時接受官方安排的美國化教育。

即使在這樣的環境中，日裔人士仍然試圖延續原有的文化，在有限的自由空間中開設商店、興辦報紙、舉行運動比賽，甚至在拘留中心裡建造日式庭園！今天如果拜訪這些遺址，像是位在內華達山脈 395 國道公路上、現為國家歷史紀念地的 Manzanar，還有機會看到這些後來發掘出土的庭園遺跡，以及仍然矗立於不毛之地上的一座慰靈塔，讓人感受到他們生命力之堅強。

但正是因為這段歷史，使得日裔人士得放棄原本的住處與事業，而他們留下的餐館和甜點店市場缺口，則順勢被文化相近的華裔人士所取代。製造幸運餅乾從此成為了華人的工作，並且促使舊金山的中國餐館，在二戰之後開始隨餐附贈幸運餅乾，最終擴散到了整個美國。

在今天的舊金山，我們仍然可以找到幾個和這段歷史有關的重要地點：擁有超過 100 年歷史的日本茶園如今仍然營業著，只不過經營者換成了華人；最早製造幸運餅乾的勉強堂在日本城裡經營了 115 年，可惜最後在 2022 年停業；至於讓幸運餅乾開始在中餐館流行的舊金山華埠，今天仍然有著一座運作中的幸運餅乾工廠（Golden Gate Fortune Cookie Factory），提供各種創意十足的口味，還能幫客人塞入客製化的籤紙！

幸運餅乾的誕生與發展，其實正是美國亞裔處境的寫照——原本根本不屬於華人文化的產物，卻因為符合主流社會對這個社群的想像，而且有利可圖，最終被華裔社群所接納，甚至發揚光大。移民來到這個國家，渴求的無非是溫飽與肯定；而幸運餅乾以及蓬勃的中餐館產業，恰好同時滿足了這兩個需求。

碩果僅存的鄉村型華埠：
樂居

　　講到北美的華埠，一般人的印象大概是喧囂繁忙的市中心，某條街上矗立著宮殿風格的牌樓，居民在擁擠狹小的街屋裡生活著；然而，在加州沙加緬度三角洲附近的小鎮「樂居」（Locke），卻呈現著截然不同的風貌——放眼四周盡是田園，聚落獨自矗立在這片低窪但豐饒的土地上。不禁讓人好奇：這座小鎮究竟是如何形成的？

　　19 世紀從中國廣東來到北美的移民中，除了淘金與興建鐵路之外，他們從事的工作五花八門，其中當然也包括了在烈日下揮汗種植作物的工人。加州向來是個農業大州，要維持高產量的農作生產，這些吃苦耐勞而且低薪的亞裔移工功不可沒，這些人也就因此開始聚集到農業發達的沙加緬度三角洲。

　　到了 1915 年，原本住在附近 Walnut Grove 的華裔人士，因為火災滅村，決定到附近租下一塊土地另起爐灶，並依照地主的姓氏命名為 Locke，中文名稱為「樂居」。

　　樂居的街廓大致順著沙加緬度河延伸，今天主要街道仍然保留了一整排的木造店鋪，從學校、商會、餐館、商店到賭場都依然可見。在全盛時期的 1920—1930 年代，小小的聚落裡竟住著多達 600 位華裔人士，再加上人數上百的流動人口。

（上）樂居的市街一景。
（下）樂居街上的大來賭場，將人瞬間帶回 100 年前。

樂居一個值得注意的地方，是它的居民組成並非人數較多的廣府（三邑）或台山（四邑）人，而是來自兩者之間香山縣（今中山市）的移民為主。以香山移民為多數的社群，在北美確實不多見。在中文學校前並列的孔子與孫文雕像，強而有力的說明這條特殊的連結。

若要拜訪樂居，最不能錯過的是位在主街上的大來賭場（Dai Loy Gambling House）。這棟正面看起來像是間倉庫的木屋，從不起眼的側面進入後卻別有洞天，昏暗的燈光下，一張張牌桌在屋裡排列著，徒步其間能清楚聽見咯吱咯吱的木頭響聲，中間的木造櫃檯流露著駕馭全場的氣勢，後方用鐵條保護的出納窗口是曾經作為賭場的最佳證明。

不遠處的俊英工商總會（Jan Ying Museum），則讓我們看到早期華裔社群的另一個面向──雖然說是工商總會，實際上從聯誼、互助到娛樂等功能無所不包。想找人一起談天取暖？需要找人幫忙撰寫文件？遇到衝突想找大老調解？來這裡就對了！在那個華人不但受盡歧視，甚至不被允許在法庭上作證的年代，這些總會、商會與堂會往往是遇到問題時最實際的求助管道。

至於樂居最後是如何沒落的？一方面因為排華政策持續，華裔移民減少；另一方面隨著原來的居民往社會上層流動，後代紛紛遷往附近的城市，也不再從事這些勞動工作。到了今天，Locke 雖然以歷史公園的形式被保存下來，居民僅剩數十人，大多不是華裔，而是因為獨特的歷史來這裡開店或居住的人們。

加州有著許多早期華裔遺留下來的建築。以保存的情況還有展示的豐富度來說，樂居無疑是名列前茅，再加上它和孫文的特殊連結，以及周遭宜人的田園風景，是來往於灣區和沙加緬度之間，路上可以考慮停留的景點！

淘金小鎮裡隱藏的神祕廟宇：

北溪廟

加州又稱「黃金之州」（Golden State），它的爆炸性發展和1849年開始的淘金潮密不可分；一日致富的夢想，讓內華達山脈西緣出現了無數淘金小鎮，其中一些保留至今成爲觀光景點，走入其間讓人彷彿置身於西部警匪片之中。但你能想像祭祀著關帝、媽祖的廟宇，也曾經是這些小鎮裡重要的地標嗎？

在好奇心的驅使下，我來到沙加緬度北邊、內華達山脈腳下的小城美利允（Marysville），在淘金時代，這裡是通往金礦區的門戶。吸引我來到這裡的，是一座隱藏在歷史街區裡的寺廟「北溪廟」（Bok Kai Temple）。

那是個週六的早晨，我依照 Google Maps 上顯示的開放時間前來，卻發現鐵門深鎖，廟前堆積著厚厚一層落葉，一旁的中式涼亭裡還有街友留宿，讓人有點不安。電話洽詢之後又過了半個小時，負責開門的華裔阿姨和她的白人先生才來到。

「我們這裡是要預約的！你下次來要先打電話啊！」阿姨的語氣中流露出些許不耐，但同時還是幫我開了廟門，並且趕緊將廟前的落葉清理乾淨。

走入北溪廟中，馬上見到神龕裡五尊神像一字排開，中央的主祀是玄

天上帝（玄武）。在道教信仰中，玄天上帝是統管北方的武神、戰神，在五行中屬水，擁有降妖伏魔、調節降雨、消除水患、暢通灌溉的能力。

除了主祀玄武之外，神龕裡由左至右分別為：觀音、關帝、土地公、媽祖，另外還有華佗、財帛星君，總共七位神祇，可以說是生活的基本需求全部都囊括了，畢竟當年一座城鎮可能就一座廟，裡面當然得包山包海。這是為什麼雖然被稱為北溪廟，門口匾額上寫的卻是「列聖宮」——祀奉多位神明的廟宇。

除了正殿之外，北溪廟兩邊的建築也非常值得一看。右邊的廂房中仍然保留著古早時代以紅磚建造的爐灶，而左邊的廂房原本是公所的議事廳，現在則成為了博物館，讓人了解早期華人社群在這裡的生活樣貌。裡面不但展示了神轎、舞獅，還有早期使用的淘金工具，以及 1920 年代的「中華民國護照」！

即使今天美利允已經沒有華人居民，每年農曆 2 月 2 日仍然舉辦玄天上帝聖誕慶典，其中最引人矚目的活動是「搶砲」——100 多張籤隨著沖天炮被送入空中，接著參與者各憑本事搶籤，搶到的無論是好運或厄運都會跟著一整年。

（上）美利允北溪廟。
（下）美利允北溪廟內部供奉的神祇。

美利允原中國城裡
的建築，如今這個
城市已經幾乎沒有
華人居住。

「以前舊金山被稱爲『大埠』，沙加緬度被稱爲『二埠』，這裡則是『三
埠』。」阿姨坐在廟前抽著菸，一邊開始跟我提起這邊的歷史。

隨著淘金時代的結束，華裔人士很早就已經搬離美利允，包括阿姨自
己都是居住在半小時車程以外，留下這座只有週末開門而且預約限定的古
廟，以及人去樓空（連遊客都極其稀少）的老華埠。但這不禁讓人好奇：
如果這裡早就沒有華人社群，那爲何北溪廟至今仍然存在，而且仍然有人
不辭千里大老遠跑來祭祀呢？

「因爲這裡非常靈驗！」阿姨說。據說以前美利允附近飽受水患之苦，
然而自從北溪廟興建之後，整座城鎮就再也沒有淹過水！至於到底是玄天
上帝，還是廟前比屋頂還高的堤防的功勞，就留給大家自己去解讀了。

除了美利允之外，再往北方的
Oroville 列聖宮、Weaverville 雲林
廟與 Mendocino 關帝廟也是以前淘
金城鎮留下的華人廟宇。列聖宮已經變
成博物館，廟裡羅列著十幾面來自各地
的匾額相當壯觀，還擁有當年公所的陳
設、華人商家「宏利號」的格局，以及
地方仕紳「陳綏靖伯」的家廟，堪稱加
州北部最集大成的華人歷史收藏。

（上）Weaverville 雲林廟。
（下）Oroville 列聖宮裡林立的匾額。

百老匯上的高塔劇院，現在是蘋果門市。

真實人生的寫照：
洛杉磯市中心

在所有我居住的美國城市中，洛杉磯毫無疑問是裝載最多複雜情感的。

2012 年 5 月，我在麻州的學校拿到碩士學位的隔天，告別冬天總是冰天雪地的新英格蘭，迎向那總是陽光燦爛的洛杉磯。當時的我進入了夢幻公司，周遭爬不完的 3,000 公尺山峰更是我週末的最愛，爬山爬膩了，可以開一個多小時的車來到太平洋畔看海；玩到肚子餓了，還有無數道地的台灣料理等著我。和許多從外地搬來的人一樣，對我來說加州是一片象徵著希望的夢想之地。

但也就是住在洛杉磯的那段時間，我先經歷了失戀，接著又面臨工作之後找不到下一個人生目標的徬徨，體驗了獨自住在店家大多 7、8 點打烊的郊區小鎮上，夜裡那種讓人覺得窒息的寂靜。原本以為的夢想之地，很快就變成了讓我拚命想要逃離的地方。

或許正是這種愛恨交織的感受，讓我一直很難去回顧那段住在南加州的日子。但這並不意味著我不喜歡這個城市——相反地，那段時間就像是藏在衣櫃深處的那個百寶箱，存放著人生中所有重要的紀念物，裡面連結了太多情感與過往回憶，除非做好心理準備，否則不能隨便開啟。

多年之後，我終於有機會再次回到這片土地上，一一拜訪那些過去糾結了太多愛恨情仇的場景，重新審視這段過去，也重新和當時的自己和解。以下就是我在走過這段過程之後，記錄下洛杉磯市中心那些讓我喜愛的角落。

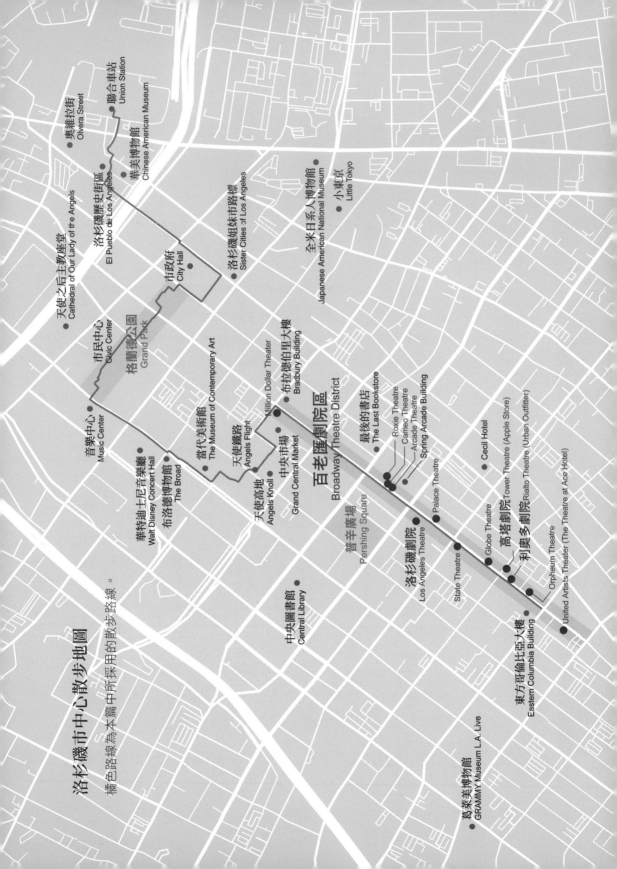

洛杉磯市中心散步地圖

橘色路線為本篇中所採用的散步路線。

葛萊美博物館
GRAMMY Museum L.A. Live

中央圖書館
Central Library

華特迪士尼音樂廳
Walt Disney Concert Hall

布洛德博物館
The Broad

音樂中心
Music Center

市民中心
Civic Center

格蘭德公園
Grand Park

天使之后主教座堂
Cathedral of Our Lady of the Angels

洛杉磯歷史街區
El Pueblo de Los Angeles

勇維拉街
Olvera Street

聯合車站
Union Station

華美博物館
Chinese American Museum

洛杉磯姐妹市路標
Sister Cities of Los Angeles

市政府
City Hall

全米日系人博物館
Japanese American National Museum

小東京
Little Tokyo

當代美術館
The Museum of Contemporary Art

天使鐵路
Angels Flight

天使高地
Angels Knoll

中央市場
Grand Central Market

Million Dollar Theater

布拉德伯里大樓
Bradbury Building

百老匯劇院區
Broadway Theatre District

最後的書店
The Last Bookstore

Roxie Theatre

Cameo Theatre

Arcade Theatre

Spring Arcade Building

普辛廣場
Pershing Square

洛杉磯劇院
Los Angeles Theatre

State Theatre

Palace Theatre

Globe Theatre

Cecil Hotel

高塔劇院
Tower Theatre (Apple Store)

利奧多劇院Rialto Theatre (Urban Outfitter)

Orpheum Theatre

United Artists Theater (The Theatre at Ace Hotel)

東方哥倫比亞大樓
Eastern Columbia Building

洛杉磯聯合車站
Los Angeles Union Station

當時的我對於郊區單調的生活相當厭倦，只要有空就會往洛杉磯市中心（Downtown LA）跑。這塊區域或許在一般人眼中是沒落、混亂與治安不好的同義詞，但它所擁有的歷史內涵，以及美好理想與殘酷現實交會的景象，是我一再到此拜訪的主因。

搭乘通勤火車 MetroLink 進入市區，市中心的玄關就是聯合車站，每次看到它就知道自己暫時脫離了偏僻的郊區生活，來到了一座大城市的中心。我喜歡週末搭車來到這裡，從車站開始自己的洛杉磯市中心散步。

這座車站建於 1939 年，在航空時代之前是洛杉磯的門面，火車將來自全美各地的旅人千里迢迢地載到這裡。這座車站擁有加州常見的一種建築風格——白色外牆、紅褐色的磚瓦屋頂、巨大拱門與木質內裝，壯觀雄偉之餘，給人相當溫暖誠摯的感受，這樣的風格稱為傳教所復興建築（Mission Revival Architecture），指的是擷取早期西班牙人設立的傳教所（Mission）風格元素用在現代建築上。

值得一提的是，聯合車站原本是洛杉磯華埠（Chinatown）所在。當時為了興建這座車站，華裔人士被迫另覓他地居住，因此遷移到北側今天新華埠的位置；現在站前只剩下幾棟舊華埠的建築，其中一棟是車站斜對面的華美博物館（Chinese American Museum），裡面展示了早期洛杉磯華裔移民的歷史。

洛杉磯歷史街區與奧維拉街

El Pueblo de Los Angeles and Olvera Street

　　從聯合車站出發，正對面的圓形廣場上朝氣蓬勃，周圍環繞著從西班牙殖民時期留存至今的建築——白牆、屋瓦、圓拱與浮雕，有時還能見到美洲原住民的傳統宗教儀式，讓人可以想像洛杉磯原始的風貌；接著從這裡走進奧維拉街，一整排小販陳列著來自墨西哥的皮件與手工藝品，餐廳裡墨西哥街頭樂隊（Mariachi）演奏著悠閒暢快的樂聲，彷彿置身於墨西哥一般。

　　事實上，這塊區域的確是洛杉磯最早的發展中心，也是殖民時期最早建立的幾個聚落之一，最老的建築歷史可以追溯到 19 世紀上半葉。大約在 1920—1930 年代，由於洛杉磯蓬勃發展，這片街區一度將被拆除重建，幸虧地方有了保存這塊市街的呼聲，於是將這裡的原始風貌留存至今。

洛杉磯歷史街區的奧維拉街，保留了早期的市區風貌，現在是墨西哥風味十足的商店街。

202

洛杉磯市政廳
Los Angeles City Hall

　　離開歷史街區，沿著主街（Main）往南跨過 US-101 高速公路，最顯眼的存在便是像紀念碑一樣挺拔的白色建築物，洛杉磯市政廳。

　　這座建築竣工於 1928 年，32 層樓的高度在當年是鶴立雞群的存在，高塔頂端的造型參考了位在土耳其的摩索拉斯王陵墓（Mausoleum of Halicarnassus），建造這座高塔的材料來自加州的 58 個郡、21 間西班牙傳教所（Mission），展現其作為加州第一大城、統御全州的風範。

　　到了晚上，建築物外牆晚上有頗具特色的動態光雕，值得一看，也可以登上 27 樓的觀景台眺望市區風景。此外，位在市政廳南側的主街與第一街路口，一座路標上顯示了洛杉磯所有姊妹市的方位與距離，裡面也包含了距離 6,789 英里遠的姊妹市：台北。

★ ★ ★

格蘭德公園與市民中心

Grand Park and Civic Center

　　格蘭德公園可說是市中心的綠洲，橫跨好幾個街區，依山勢而建，並且利用天然的山坡地形設計水景，整個公園都是看市政廳的理想視野。還記得 2014 年居住在南加州的時候，我還曾經在這個公園裡觀賞國慶煙火！

　　格蘭特公園所在區域曾經叫做 Bunker Hill。由於擁有地勢較高、坐山朝水的絕佳地理位置，早年一度為高級住宅區；然而隨著後來人口外移，這些當年的豪宅逐漸老化，居民變成了尋求較低房價的藍領階級，成了人人喊打的都市毒瘤。

　　到了 1950 年代，這塊土地經歷了暴力都更，原本的住宅全數被拆除，居民四散各地，逐漸成為今天的面貌，近年還有持續進行一些更新與再生的計畫，目前來說是個非常舒服而且新穎的休憩環境；然而這樣大刀闊斧的整建，始終無法解決城市裡的居住問題，附近幾個相鄰的街區，號稱是洛杉磯街友密度最高的地方。

夜晚的格蘭德公園，背景是洛杉磯市政府。

華特‧迪士尼音樂廳
Walt Disney Concert Hall

由右至左依序為：
搶眼的蓋瑞建築華
特‧迪士尼音樂廳、
The Broad 博物館、
市中心金融區。

　　來到公園的最高處，周圍環繞著好幾座表演藝術場館，其中造型最特異獨行的是華特‧迪士尼音樂廳，完工於 2003 年，屬於整個洛杉磯音樂中心的一部分，由知名解構主義建築師法蘭克‧蓋瑞（Frank Gehry）設計，擁有相當新潮的不規則外觀與金屬外牆，目前是洛杉磯愛樂的主場。

　　熟悉蓋瑞建築的人，對於這種風格應該不陌生，他的其他知名作品包括：麻省理工學院的史塔特科技中心（Stata Center）、西班牙畢爾包（Bilbao）的古根漢美術館、捷克布拉格跳舞的房子（Dancing House）等。不妨去搜尋一下網路圖片，比較看看這幾棟建築的相異與相似之處吧！

★ ★ ★

天使鐵路與天使高地
Angels Flight and Angels Knoll

身為半個交通迷，市中心最讓我著迷的交通工具絕對是建於 1901 年的天使鐵路。它是一座纜車鐵路系統，和台灣的糖業、林業鐵路一樣為 762 mm 軌距，長不到 100 公尺，但坡度高達 33%，號稱是全世界最短的營運鐵路。

在過去洛杉磯市中心還有著高級住宅區的年代，為了將山上的居民運到山下的商業區工作，在此興建了這條鐵路。如今四周的地貌都已經改變，整條鐵路被包夾在大廈叢林中，也不再具有通勤用途，卻成了觀光客們必訪的景點，也曾經在電影《樂來越愛你》（La La Land）男女主角的約會場景中有出現。

號稱全世界最短營運的鐵路，天使鐵路。

在天使鐵路旁有一片綠地，可以居高臨下遙望商業區，是洛杉磯市中心少數尚未被建成的綠地。在我十分喜歡的電影《戀夏500 日》（500 Days of Summer）中，男女主角幾次最關鍵的對白都在這座公園裡發生，從公園遙望市中心歷史建築的畫面是電影中的經典。但很可惜的是，這塊土地目前已經有開發的規劃，幾年後也將興建大樓，電影中原貌恐怕將不復見。

中央市場
Grand Central Market

　　在高度郊區化、連鎖店化的美國零售市場，傳統市集幾乎已經退出了人們的日常生活；然而在洛杉磯市中心、天使鐵路山下站的正對面，有著一座延續超過百年的市集，洛杉磯中央市場。

　　這座市場從 1917 年開幕，並且持續營業到今天，目前有 40 多個攤販，以販賣飲食爲主，幾乎所有菜系都能找到，而且還營業到晚上 10 點，是夜間尋找美食的絕佳地點。

　　至於這座市場最大的特色，大概是裡邊張燈結彩般的霓虹燈招牌，每家的造型都不太一樣，在用餐區旁還有一整片給遊客盡情拍照的霓虹燈牆。走在這些招牌之間，心情似乎也會隨著變得更加熱情奔放，這個場景同樣也曾經出現在《樂來越愛你》中。

洛杉磯中央市場，特色是隨處可見的霓虹燈招牌。

★ ★ ★

布拉德伯里大樓

Bradbury Building

　　穿過中央市場之後，從後方的百老匯（Broadway）出來，隔著一條街的斜對面是洛杉磯市中心最為精緻、也最常在電影中出鏡的歷史建築：布拉德伯里大樓。這座大樓建於 1893 年，擁有壯觀的天井、精緻的金屬雕花與復古的電梯，在此取景的電影不計其數，號稱洛杉磯建築界的電影巨星，同時是《戀夏 500 日》結局的場景。

　　除了《戀夏 500 日》之外，其他在此取景的電影還有：《銀翼殺手》（Blade Runner，1982）、《大藝術家》（The Artist，2011）、《讓愛傳出去》（Pay It Forward，2000）、《雙重賠償》（Double Indemnity，1944）、《生死格鬥》（D.O.A.，1949）、《狼人生死戀》（Wolf，1994）、《致命武器 4》（Lethal Weapon 4，1998）等。

洛杉磯建築界的電影巨星，布拉德伯里大樓。

百老匯劇院區
Broadway Theatre District

在 20 世紀上半葉，洛杉磯市中心仍然是商業與娛樂中心的時候，百老匯劇院區的熱鬧程度絲毫不輸給紐約的百老匯！這條大道上有十幾座劇院，每座都有自己獨特的風格，每天晚上這裡都充滿下班後的都會男女到此觀賞表演，熱鬧的街道上還有路面電車來回穿梭著。在好萊塢的黃金年代（1910—1960 年）早期，這裡還是許多經典電影首映會的地點，想像當年眾星雲集的景象，和如今許多劇院人去樓空、走在路上還讓人感到不安的景象形成強烈對比。

雖然風華不再，今天僅存的 12 棟劇院已經被註冊爲國家歷史街區，有些劇院在特殊日子仍然會放映電影，有些則找到了新的用途，爲建築賦予新的生命。特別推薦的劇院與特色建築爲：

- **洛杉磯劇院 Los Angeles Theatre：**
建於 1930—1931 年間，特色是擁有極其繁複的巴洛克式圓柱與裝飾，華麗程度在整個劇院區裡面獨占鰲頭，就連前方的人行道也有配合特別設計。隨著劇院區沒落，於 1994 年關閉。

- **高塔劇院 Tower Theatre、利奧多劇院 Rialto Theatre：**
兩座相鄰的劇院建築，其中高塔劇院位在十字路口，轉角處擁有相當醒目的高塔。這兩座劇院共同點是因爲新的商業用途而得以重生，高

（左）巴洛克風格的洛杉磯劇院。
（右）擁有寶藍色外牆的東方哥倫比亞大樓。

塔劇院從 2021 年 6 月起開設了蘋果店（Apple Store），內部被整理得相當好；至於利奧多劇院，則已經被美國連鎖潮牌 Urban Outfitter 進駐多年。

- **東方哥倫比亞大樓 Eastern Columbia Building：**
  建於 1930 年，擁有寶藍色的外牆與金黃色的裝飾，可說是整個洛杉磯市中心最爲搶眼的大樓，即使從外圍開車經過，都可以見到美麗的磁磚在陽光下閃閃發亮。不但是洛杉磯最常入鏡的建築之一，也是公認裝飾藝術風（Art Deco）的代表作。

- **最後的書店 The Last Bookstore：**
  成立於 2005 年，位在原本的「洛杉磯華爾街」Spring Street 上，兼售二手書與新書，試圖用創意有趣的內裝吸引人來看書，其中最知名的角落是用數百本書搭成的隧道，過去幾年已經成爲人氣相當高的打卡景點。

　　在南加州那段鬱悶的日子裡，跑到洛杉磯市中心閒晃的次數多到數不清，或許是厭倦郊區生活的自己，想要在這裡找回一些大都會的感覺；又或許是這裡獨特的都市發展史，讓我喜歡在這裡挖掘街角的故事。但除了這些之外，一個更重要的理由，或許是我在這座城市裡找到與當下心境的共鳴。

　　仰頭一看，那細緻繁複的劇院浮雕仍然流露著貴氣，金屬雕花仍然在陽光下閃耀著；然而轉眼低頭，眼前的街道上卻是人去樓空、加裝了鐵柵的大門，前方站立的保全暗示著此地並不安全，行跡詭異的人士與角落傳來的尿騷味讓人不敢久留。

　　曾經的輝煌美好，與眼前不堪的殘酷現實同時並存；有時想駐足欣賞，卻又發現不宜久留。這，或許就是真實人生的寫照吧！

位在軍事基地裡的 Mission San Antonio de Padua ，周遭並未形成城市，
因此反而保留了早期加州地廣人稀的風貌。

通往西班牙殖民過往：
加州皇家大道

11

　　對於求學時期居住在新英格蘭的我來說，畢業後能夠揮別冬季的天寒地凍，搬到一年擁有超過 300 天陽光的加州，是不少留學生們夢寐以求的未來。但搬到加州之後，第一件必須習慣的事情，大概就是如何正確讀出那裡的地名。

　　例如，San Jose 的發音不是「聖喬瑟」，而是「聖荷西」，要記得看到字母 J 得發英文 H 的音、看到字母 H 得記得不發音、兩個連著的 LL 要發成有點像英文 Y 的音。

　　除了這些發音規則不同的地名之外，好多地名前面都冠上了「聖」（San）或是「聖塔」（Santa）的字首，而且其中幾個城市還被一條叫「El Camino Real」這個一看就知道不是英文名的道路串連起來。

　　對於加州歷史稍有概念的人或許知道，這些都和加州原本是西班牙殖民地的歷史有關；然而西班牙人的殖民，又是如何在加州的土地上留下這些地名，以及這條讓新居民們搞不清楚如何稱呼的道路，一直到今日呢？

傳教所系統的
建立

　　讓我們先將時間拉回到 18 世紀後半。當時北美洲東岸的殖民地已經發展得相當成熟，不只形成了城市、有活躍的公民社會，還成立了好幾所大學；然而，在大陸另一端的太平洋岸，主要居民還是世居於此的美洲原住民，歐洲人的勢力還未真正深入；即使到了 1769 年隨著波托拉考察（Portolá expedition）、西班牙正式進入今天的加州之後，歐洲人對於這塊廣大、乾燥、荒蕪又未知的土地，影響力仍然微乎其微。

　　當一個國家取得一片新的土地，該如何在上面有效的伸張自己的主權？我們或許會直覺的認為，派遣一支軍隊去駐紮不就好了！然而，像上加利福尼亞（Alta California）這麼大、幾乎占了今日美國版圖五分之一的土地，軍隊能掌控的仍然極其有限；更有效的辦法，或許是深入當地的社會，系統性的改造當地的文化、宗教與生活方式，將那裡的居民同化成自己國家的人。

　　當時西班牙在太平洋岸的潛在對手是已經跨過白令海峽、在阿拉斯加實行殖民統治的俄羅斯。俄羅斯人並沒有在阿拉斯加打住，還持續往南推進，幾乎到達了今天的舊金山灣區。對西班牙人而言，強化自身在上加利福尼亞的統治事實勢在必行。

　　於是在那之後的幾十年間，在西班牙政府的許可下，方濟各會（Franciscan）的傳教士來到上加利福尼亞，從今天的聖地牙哥（San

Diego）沿著太平洋海岸北上，一路到舊金山附近的索諾馬（Sonoma），建立 21 間傳教所，並以這些傳教所爲據點，開始改變加利福尼亞的文化面貌。

這 21 間傳教所，每間都有一位主保聖人（Patron Saint），並且直接以這位聖人命名，而後來在周圍形成的聚落也大多沿用該傳教所的名稱，並且沿用至今。因此，主保聖人是「亞西西的方濟各」的「聖方濟各傳教所」（Mission San Francisco de Asis），周圍的聚落就成爲了今天的舊金山（San Francisco），聖芭芭拉傳教所（Mission Santa Barbara）附近形成的市鎮則是今天的聖塔芭芭拉（Santa Barbara），依此類推。加州從北到南到處都有的「聖字輩」地名，便是這樣來的。

這 21 間傳教所，被西班牙人所建立的道路系統連結起來。當時在西班牙境內大多數交通要道都稱爲「皇家大道」（El Camino Real），從樞紐大城墨西哥市往四周便有好幾條皇家大道，連結殖民地內的幾個重要大城，而位在殖民版圖邊陲的加利福尼亞，同樣有著這樣的道路網。

北加州的傳教所 Mission Santa Clara，聖塔克拉拉市就是以這座傳教所命名，目前成為聖塔克拉拉大學校園的一部分。

傳教所的

樣貌

　　比起殖民母國西班牙那些富麗堂皇的主教座堂，這些傳教所的建築風格可以說是相當樸素：白色的厚實牆壁，上面開著幾扇小小的木窗，以適應加利福尼亞炎熱且日照時間長的氣候；屋頂大多使用紅色或橙色的屋瓦，由於不必排除積雪因此傾角並不大；正門入口通常設置於山牆（與屋脊垂直的牆面）；內部往往僅見祭壇與神龕，偶爾能見到木造橫梁和天花板上的彩繪，除此之外，幾乎都是素色的牆壁，不像歐洲知名教堂內部那樣精雕細琢。

　　然而，傳教所的建築也不是只有教堂本身，周圍往往還會延伸出一個完整的四合院，裡面有神職人員辦公室、寢室、倉庫與廚房等；而四合院的土地繼續往外延伸的土地，則成為傳教所附屬的耕地或牧場，種植歐洲人帶來的作物，並且豢養牲畜，不只供應傳教所裡所有人員的維生需求，有時還能藉由販售牛皮與紡織品，讓傳教所能夠加減賺點外快——雖然有這些「業外收入」，傳教所系統自始至終都處於虧損狀態。

　　傳教所還留給了加州另一個寶貴的遺產：釀酒產業。雖然方濟各會的傳教士大多過著簡樸寡欲的生活，宗教禮儀「聖體」（Sacrament）中的葡萄酒卻是不可或缺的。因應這樣的需求，傳教所也開始自己種植葡萄、釀酒，演變至今成為發達的加州酒業。

大多數傳教所原貌往往相當樸素，幾乎沒有任何的裝飾。圖為 Mission Soledad。

21 間傳教所的出現，固然改變了這片土地的景觀，然而更大的改變，卻是在「人」的部分。

一間傳教所的運作需要大量勞力的投入，而這些人力都來自於周遭的原住民部落。來到傳教所之後的他們，不再採取傳統的維生方式，男性改成從事農牧等體力活，女性則負責紡織與烹飪，工作以外的時間就居住在傳教所中，受洗成為教徒，並且接受西方人眼中的「文明教育」。加利福尼亞的原住民被歐洲化，就是從這些傳教所開始。

進入傳教所之後的原住民，受到的待遇究竟如何？實際情況因時因地而異，但一般認為他們的處境介於雇工與奴隸之間，雖然是受僱於傳教所工作，最糟糕的待遇可能不比同期的黑奴好到哪裡去。

正如同美洲大陸上許多地方都發生過的，歐洲人帶來的除了宗教和殖民統治，另一個意外的「禮物」則是傳染病，在加利福尼亞的傳教所系統中也不意外。流感、麻疹、肺結核、淋病和痢疾等傳染病的到來，使缺乏抵抗力的原住民人口急劇減少，從歐洲人來到前的 30 萬人（估計），一路減少到 20 世紀初的 2 萬 5000 人。

傳教所系統的
終結

1821 年墨西哥從西班牙獨立。1833 年，墨西哥正式宣布廢止傳教所系統，土地收回充公並且世俗化，其中不少被分割、變賣，所得用來充實國庫；原本在傳教所裡勞動的原住民獲得自由；至於失去了宗教功能的傳教所，也就逐漸沒落、廢棄。

雖然傳教所在那之後就不再運作，其留下來的影響卻至今仍然清楚可見。除了前述那些以 San 或是 Santa 開頭的聖字輩地名之外，原本連結各個傳教所的交通路網「皇家大道」至今仍然在某些城市被用作路名使用。

除了這些之外，傳教所的建築形式後來也促成了「傳教所復興建築」（Mission Revival Architecture），被大量運用在加州的本地建築上，突顯其與美國別州不同的特色。無論是洛杉磯聯合車站的正面山牆、史丹佛大學中央的四合院與迴廊、南加州河濱（Riverside）米遜客棧（Mission Inn）的裝飾細節，以及加州隨處可見的紅頂白牆住宅，都是來自於當年傳教所的影響。

時至今日，這 21 間傳教所仍被視為加州重要的文化資產，部分已經傾圮的傳教所得以恢復原貌，目前大多以博物館或歷史公園的形式對外開放，其中部分至今仍然有宗教儀式進行。據說也有不少人會像收集寶可夢一樣，沿著皇家大道一個一個去收集這些傳教所。

（上）加州的 21 間傳教所目前大半成為博物館，裡面展示著加州早期生活的樣貌。（下）傳教所對加州最大的影響之一，是創造了「傳教所復興建築」，當中最經典的例子當屬史丹佛大學的校園。

　　至於那條串連 21 間傳教所的皇家大道呢？其路線大致演變成今日的 101 號國道（US Highway 101）這條南北加州之間的交通骨幹，以及 5 號州際高速公路（Interstate 5）。因此下次在加州公路旅行的時候，不妨順道查查路上有哪些傳教所，挑選幾間自己喜歡的加入行程中吧！

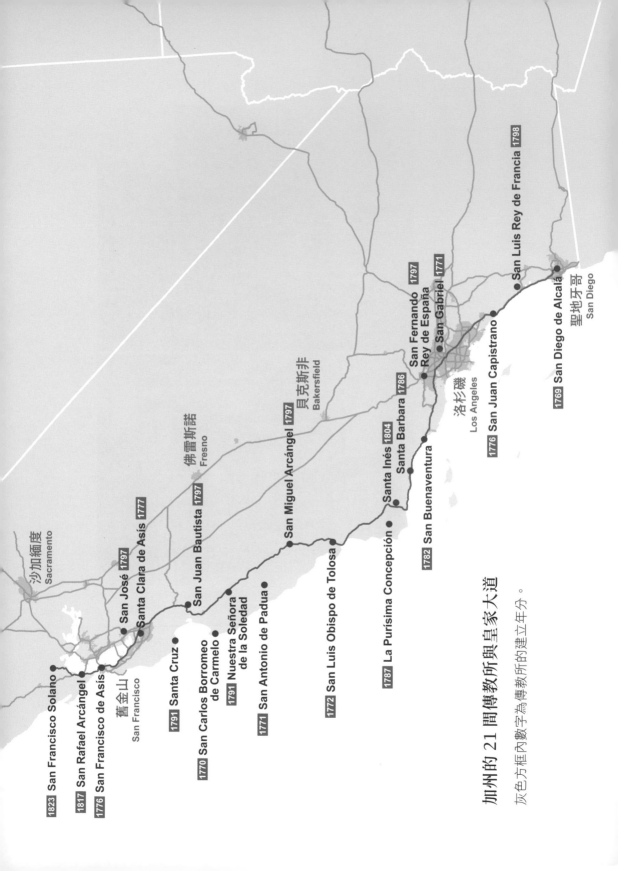

沙加緬度
Sacramento

1823 San Francisco Solano

1817 San Rafael Arcángel

1776 San Francisco de Asís

舊金山
San Francisco

San José 1797

Santa Clara de Asís 1777

1791 Santa Cruz

1770 San Carlos Borromeo
de Carmelo

1791 Nuestra Señora
de la Soledad

1771 San Antonio de Padua

San Juan Bautista 1797

佛雷斯諾
Fresno

San Miguel Arcángel 1797

貝克斯非
Bakersfield

1772 San Luis Obispo de Tolosa

1787 La Purísima Concepción

Santa Inés 1804

Santa Barbara 1786

1782 San Buenaventura

San Fernando
Rey de España 1797

San Gabriel 1771

洛杉磯
Los Angeles

1776 San Juan Capistrano

San Luis Rey de Francia 1798

1769 San Diego de Alcalá

聖地牙哥
San Diego

加州的 21 間傳教所與皇家大道

灰色方框內數字為傳教所的建立年分。

傳教所

★ ★ ★

旅行推薦

　　以下根據我自己拜訪的經驗，推薦幾處個人特別喜歡的傳教所（順序為由北往南）：

● San Francisco de Solano

　　位於舊金山灣區北邊的索諾馬，是位置最北、年紀最輕的傳教所，配合附近的其他幾棟歷史建築，目前整合成州立公園與博物館，經過一些整修之後更接近原貌，內部提供一些加州早期歷史展示。由於地點非常貼近北灣區的酒鄉（Wine County）如納帕山谷（Napa Valley），非常適合搭配品酒規劃成一日遊。

● San Rafael Arcángel

　　位在金門大橋北方的聖拉斐爾（San Rafael）市中心，外觀經過較大調整，現在是個看起來相當夢幻的粉紅色教堂。

● Santa Clara de Asís

　　為在矽谷城市群中的聖塔克拉拉（Santa Clara），附近原本傳教所的土地變成了聖塔克拉拉大學的校園，教堂連同周遭建築都被漆成鵝黃色，整個融為一體，教堂正面山牆上還有精細的浮雕，周遭的庭園在花季時是矽谷網美們喜愛的拍照聖地。

傳教所建築的主要特徵之一：由一面牆構成的鐘塔，本圖為 Mission San Juan Bautista 教堂旁的鐘塔。

- **San Juan Bautista**

　　位於舊金山灣區與蒙特雷（Monterey）之間，距離 101 號國道非常接近。不但建築本身接近原貌，旁邊還有很多棟保存 19 世紀風貌的旅店、住家、馬廄、市中心廣場等；另外，也有一小段皇家大道的舊道，是個格局非常完整的歷史小鎮，亦有提供豐富的歷史展示，讓人從中更了解早期歐洲移民在加州的生活，適合全家前往一日或半日遊。

- **San Antonio de Padua**

　　可能是所有傳教所中距離主要幹道最遠的，而且坐落在一座軍事基地內（一般民眾可以進入），偏遠的地理位置與四下無人的景觀，使得在這裡更容易體驗到早期傳教所周遭被農場環繞的樣貌。

- **Mission San Miguel Arcángel**

  位於南加、北加之間的 US-101 大約中點的位置，特色是保留了非常完整的四合院，博物館中有關於加州葡萄酒歷史的展示，可以從這裡了解原本四合院的格局。適合沿著 US-101 旅行時當成中間的休息站。

- **La Purísima Concepción**

  另一間遠離市區的傳教所，周遭的格局保存相對完整，建築本身也未經歷太多改建，目前是州立公園。

- **Mission Santa Barbara**

  名氣最大的傳教所之一，也是目前唯二仍然屬於方濟會管理的傳教所之一，正面已經被改建成模仿希臘宮殿形式的外牆，與原貌相差比較大，但傳教所的博物館相當值得一看。

- **San Juan Capistrano**

  位於南加 Orange County，只剩下斷垣殘壁，但也因此擁有獨特的廢墟美，附近的小鎮街道很適合散步。

傳教所教堂內部陳設往往相當簡單，不像西班牙本土教堂那樣精雕細琢。圖為 Mission San Miguel Arcángel。

旅程的終點，加州聖伯納蒂諾（San Bernardino）車站。

從大西洋到太平洋的浪漫：
橫貫美國鐵路旅行

12

　　搭乘長程火車跨越幾千公里的路程，望著窗外流動的風景用餐、在鐵軌的鏗鏘聲中入眠，是我兒時的夢想之一。身為台灣人，腳下的這片土地就那麼大，而且旅行時間還隨著科技進步而越來越短，曾經存在的臥鋪列車在我出生之前就已經消失於這座島嶼上。想要體驗很長很長、彷彿沒有盡頭的旅程，除了離開這座島嶼前往其他國家外，別無他法。

　　而我沒有想到的是，這輩子第一次的臥鋪列車體驗，竟然是在美國這個長程鐵路交通非常不發達的國家，而且還是趟以「搬家赴任」為名義展開的旅程！

　　美國鐵路的長途列車雖然一直都存在，但因為旅行時間長、票價又相對昂貴，並不是一般人外出會使用的交通工具，對於剛到美國時還是窮學生的我來說，更是遙不可及；然而，就在碩士班畢業、準備前往南加州就業時，公司給了我一筆搬家費，我很快地就將歪腦筋動到了這筆錢上——如果搬家的交通工具可以選擇飛機或汽車，為什麼不試試火車呢？

　　於是我在公司的搬家費補助下，開啟了這趟從波士頓經由芝加哥抵達洛杉磯，從大西洋岸到太平洋，車程長達 72 小時的鐵路旅行。正是因為有這筆費用，才得以體驗價格昂貴的車內臥鋪與餐廳。

美國長途鐵路
交通簡史

夢想著搭乘長途列車橫跨大陸的人不是只有我，19 世紀的美國人也有著一樣的夢想——在路易斯安那購地案（Louisiana Purchase，1803）與美墨戰爭（US-Mexico War，1848）後，國土變成原來三倍的這個巨型國家，東西兩岸間如何往來成了新的課題。

當時如果要來往於美國東西兩岸，除了可以搭船往南經過合恩角（Cabo de Hornos）繞一大圈（是的，當時還沒有巴拿馬運河唷！）之外，最常見的是搭乘馬車經由陸路跨越大平原與洛磯山脈，其中最快的馬車運輸服務是小馬快遞（Pony Express），從密西西比河西岸的密蘇里州到舊金山灣區，一段接著一段，「馬」不停蹄地接力趕路，全程大約需要 10 天。這樣的旅程看似漫長，但比起 19 世紀初花了五個月才到達太平洋的路易斯與克拉克（Lewis & Clark），已經是相當了不起的成就。

到了 1860 年代，積極西進的美國人決定興建大陸橫貫鐵路，並且在南北戰爭結束後不久的 1869 年完工。這條鐵路的東半段大致平坦，工程並不會太困難，但西半段則不然——鐵路在加州與內華達州境內穿越廣袤荒涼的大盆地（Great Basin），以及宛若天險的內華達山脈（Sierra Nevada），在沒有大型機具的年代施工難如登天，美國境內幾乎找不到工人願意到此修路。這個勞力缺口，最後是被來自大清帝國、吃苦耐勞又低薪但高產能的華裔工人補上，可以說沒有當時的華裔移工，就不會有這條鐵路的出現。

　　隨著這條鐵路的通車，橫貫大陸的交通時間，瞬間從幾週縮短爲幾天；接著第二條、第三條橫貫鐵路也跟著相繼完工，搭乘火車來往東西兩岸蔚爲風潮，各家鐵路公司進入戰國時代，相繼推出不同的噱頭，彼此競爭──比別人更快、比其他家更舒適、車上聘請專業廚師料理……現今中東航空公司如何競爭高端艙等，當年美國的鐵路公司也是這樣比拚自家的招牌列車。

　　當時的美國，無疑是世界第一的鐵路旅行大國；然而，這樣的盛況，卻在 1960 年代隨著另一項革命性交通工具：商用噴射客機的出現，戛然而止。

　　當乘客紛紛轉向速度更快、服務不輸火車的航空運輸，各家鐵路公司很快便相繼破產，紛紛終止客運服務。眼看過去的鐵路大國即將崩解，民代開始奔走要求政府介入。最後在 1971 年，鐵路向來由私人資本主導的美國，破天荒成立了「美國國家鐵路」（Amtrak）這個具有官方性質、接受政府補助的鐵路營運機構，接手那些民間企業不願意再經營的路線，確保民眾最基本的鐵路運輸需求可以被滿足。

　　說也奇怪，原本以爲很快會壽終正寢的美國長途列車，竟然在美國國鐵成立之後漸入佳境。雖然不再是來往美國東西兩岸的主要選項，而且誤點是家常便飯，載客率仍然節節上升，在部分地區更擔負著城際交通的重任，就這樣延續到今日。

美國西部長途列車與國家公園分布

本圖顯示示帶綠色邊框的為國家公園服務（National Park Service）管理之土地，除了國家公園還有包括其他單位如國家保護區；不帶邊框之淺綠線則為國家森林。

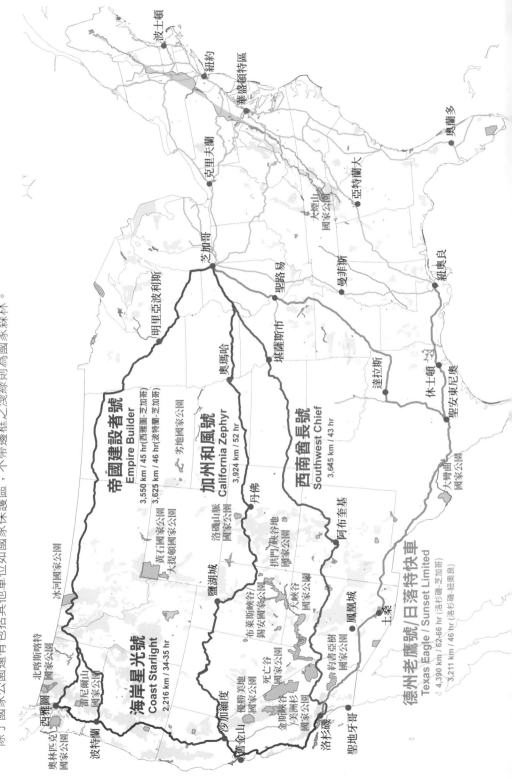

帝國建設者號
Empire Builder
3,550 km / 45 hr(西雅圖-芝加哥)
3,625 km / 46 hr(波特蘭-芝加哥)

加州和風號
California Zephyr
3,924 km / 52 hr

西南酋長號
Southwest Chief
3,645 km / 43 hr

海岸星光號
Coast Starlight
2,216 km / 34-35 hr

德州老鷹號/日落特快車
Texas Eagle / Sunset Limited
4,390 km / 62-66 hr (洛杉磯-芝加哥)
3,211 km / 46 hr (洛杉磯-紐奧良)

波士頓
紐約
華盛頓特區
奧蘭多
克里夫蘭
亞特蘭大
芝加哥
聖路易
曼菲斯
紐奧良
明里亞波利斯
堪薩斯市
達拉斯
休士頓
聖安東尼奧
奧瑪哈
丹佛
阿布奎基
鳳凰城
土桑
大煙山國家公園
大沼澤地國家公園
大彎曲國家公園
黃石國家公園
大提頓國家公園
洛磯山脈國家公園
拱門/峽谷地國家公園
大峽谷國家公園
卡爾斯巴德
鹽湖城
布萊斯峽谷國家公園
錫安國家公園
死亡谷國家公園
約書亞樹國家公園
奧林匹克國家公園
北喀斯喀特國家公園
雷尼爾山國家公園
冰河國家公園
西雅圖
波特蘭
沙加緬度
舊金山
優勝美地國家公園
金斯峽谷國家公園
紅杉國家公園
洛杉磯
聖地牙哥

旅程的開始：

★ ★ ★

芝加哥聯合車站

芝加哥是美國鐵路網的樞紐所在。在抵達芝加哥前，我已經搭乘 21 小時的湖濱特快車（Lake Shore Limited），從波士頓南車站（South Station）抵達芝加哥聯合車站。在這座城市休息幾天並拜訪親友後，我再次回到聯合車站，準備搭上西南酋長號（Southwest Chief），繼續前往洛杉磯的旅程。

在高樓大廈如同千年神木群般林立的芝加哥市中心，聯合車站的存在彷彿異類：新古典主義的雅緻外觀、排列有序的厚重圓柱與垂直窗戶、相形之下顯得低矮的建築高度，向來客預示著：進入這棟建築，你將前往另一個世界。

候車大廳比起外觀更加典雅高尚，位在地下一層，因此進入候車大廳必須先沿著樓梯下降，作為從室外到室內空間的「轉場」，儀式感十足，同時視角的轉換也讓這棟建築顯得更加雄偉氣派。室內的天花板以數個圓拱支撐著，讓人彷彿置身於宴會廳，但前往月台的入口則像是古埃及神殿的門面。在這樣的空間裡候車，像是經歷了一場隆重的歡迎儀式，也讓旅人們對接下來的旅程更加期待。

隨著出發時間接近，旅客在檢票口排成長龍，魚貫進入月台。芝加哥往西的鐵路大多沒有電氣化，而且淨空標準極高，因此全列車都是雙層配置，大多數的座位與臥鋪包廂都位在上層，而機電設備、廚房與浴廁則在下層，將視野最佳的空間保留給乘客。

旅程的起點，芝加哥聯合車站的候車大廳。

　　從車頭到車尾，車廂的配置是臥鋪車—餐車—展望車—座位車。將餐車與展望車置於列車中央，一方面形成整列火車的社交空間，另一方面也自然將座位車乘客與臥鋪車乘客的活動空間隔開，使得後者比較不會被打擾。

　　打開臥鋪包廂的門，上下兩層的臥鋪與寢具都已準備妥當，白天時上層臥鋪可以收起，下層臥鋪則可以轉換成兩張對座的椅子，包廂內設有洗手台與鏡子，浴室與廁所則與其他包廂共用。

　　下午 3 點整，火車準時從芝加哥聯合車站開出，往西南方的大平原疾駛，不久便脫離了芝加哥的大廈叢林，進入了一望無際的玉米田裡，鐵路邊偶爾出現兀自矗立的穀倉，在平坦的大地上格外顯眼。

密西西比河夕照下的
列車晚餐

餐桌上擺放整齊，等待旅客們前來用餐（註：本張攝於湖濱特快車內，與西南酋長號稍有不同）。

日落時分，火車即將離開伊利諾州，進入密蘇里州。由於餐車空間有限，用餐分爲兩個時段，列車服務員會事先來到包廂詢問，時間到了就可以拿著預約單去餐車報到。

　　美國國鐵的餐車稱不上奢華：兩兩對坐的四人桌倚著窗戶排列，藍色人造皮的椅墊配上灰色的塑膠椅背，沒有什麼古典情調（這就是美國！）。然而，窗邊仍然裝上了藍色的窗簾，搭配牆上的壁燈，服務員也細心地爲每張桌子鋪上桌巾，用餐氣氛雖然輕鬆，卻不失典雅。

　　翻開餐車的菜單，提供的主菜選項有主廚牛排、烤雞胸與鮭魚，搭配的前菜可以選擇沙拉或蟹肉餅（Crab Cake），甜點則有巧克力蛋糕、起司蛋糕等任君挑選。能在空間有限的火車上變出這些花樣，已經讓人感覺到相當驚豔，而其他細節也非常接近一般餐廳的等級：金屬材質的餐具、美國國鐵招牌的藍色餐巾，唯一的敗筆大概是食具的材質——桌上的盤子都是一次性的塑膠製品，雖然設計上融合了餐車的整體特色，但用起來就是讓人覺得有那麼一點缺憾。

（左）用餐時段滿座的餐車，所有乘客都會與陌生人併桌（註：本張攝於湖濱特快車內，與西南酋長號稍有不同）。（右）搭乘西南酋長號第一天的晚餐，主菜為豬肋排。

在餐車享用晚餐的同時，欣賞密西西比河上的夕陽。

　　用餐到一半，火車突然開上了一座鐵橋，這時連服務員都不忘提醒
大家，我們現在正在密西西比河上！

　　只見西下的夕陽正好在河面上反映出粼粼波光，黃昏的陽光將窗外
大地染上一層淡淡的橘黃色，車廂裡的視野又讓這幅景象不斷變換角度。
一邊吃著晚餐一邊欣賞天時地利之下才會見到的景色，是整趟旅途中最
魔幻的時刻。

中途下車：

★ ★ ★

堪薩斯市聯合車站

堪薩斯市聯合車站，雖然不再是城市門戶，仍然保留著當年的氣派。

　　晚上 9 點，火車已經穿越了密蘇里州，來到與堪薩斯州交界處的堪薩斯市，在此休息一個小時。讓我有機會踏出車廂晃晃。

　　美國國鐵的長途列車，在路途中不時會有這樣的長時間停靠，好讓工作人員能夠為列車加水、補給旅程中所需要的物資，也讓一天到晚誤點的列車有些喘息的空間。另外，對於部分乘客來說，這種長時間停靠最重要的意義，是讓他們有到車廂外抽菸的機會，畢竟列車內是禁止抽菸的。

　　我算準了列車離站的時間，到堪薩斯市的聯合車站裡面走走，感受這座建築物的巨大和氣派。

　　在航空時代來臨之前，美國各大城市的門戶就是這些連結四面八方的火車站。想像當年這些車站動輒 20 個月台，來自大江南北的列車，將無數的乘客載到這座車站！在堪薩斯市聯合車站裡，迎接旅人們的是高達 29 公尺的挑高大廳，頂上掛著三個各有 1,600 公斤重的華麗大吊燈，廳內的時鐘直徑有 1.8 公尺，前方建築立面上則有三座巨大的拱窗並列著。

　　即使到了今天，這些車站已經不再扮演城市門戶的角色，火車班次也減少到一天可能只有個位數，但我仍然被這樣的氣派所震撼。近年來，許多車站也透過出租空間給餐飲業者或是舉辦活動，讓建築仍然充滿生氣，以不同的用途延續這些老車站的生命。

　　逛完堪薩斯市聯合車站與四周，我回到列車上，該是就寢的時間了！在平原上疾駛的列車大致平穩，規律的鐵軌聲讓人在夜裡不覺寂寞；而微微的晃動像是搖籃一樣，更容易入眠。住在火車上的第一晚，我就這樣進入夢鄉。

連續漸變的
地表景觀

　　隔天一早起來一看窗外，哇～景觀和前一天完全不一樣！原本的玉米田變成了乾燥的短草原，植被的樣貌透露著這裡的雨量已經減少許多，證明火車的確是正往西部移動。同一趟旅程、一樣的火車，一夜起來卻是截然不同的風景，再過幾個小時又是不一樣的景觀，這種一點一點連續漸變的感覺，正是長途鐵道旅行最讓我著迷的地方。

日出時分的車廂內部。

（左）圖中小站停車，圖為位於科羅拉多州的小鎮 La Junta。
（右）展望車廂內部，白天是許多乘客打發時間的地方。

接下來進入科羅拉多州，火車越爬越高，植被越來越稀疏，兩邊也不再只是大平原，而出現了洛磯山脈附近的紅土山丘。這段鐵路，大致是沿著從早期原住民步徑演變而來的「聖塔菲小徑」（Santa Fe Trail）前行。顧名思義，就是通往新墨西哥高原上的城市聖塔菲。此時，可以感覺火車正奮力爬坡著。

這是西南酋長號風景最迷人的一段路程，而欣賞美景最佳位置則是展望車廂（Lounge Car）。這節車廂的窗戶呈現彎曲的 L 形，一路延伸到屋頂上，瀏覽窗外景色幾乎沒有死角，內行的乘客們早已和親友來到這節車廂享受風景。展望車廂的下層是販賣部，提供漢堡、熱狗、零食還有各種飲料，讓乘客們能夠一邊吃一邊看風景。

火車上的乘客形形色色，最令我注目的是一群穿著彷彿停留在上個世紀服飾的阿米許人（Amish）。這群人因著他們的宗教與理念，對於現代科技僅選擇性接受，不少人至今仍過著家裡不接電、出門只使用馬車的生活。由於他們也不搭乘飛機，美國國鐵對阿米許人來說是不可或缺的長途交通工具。（順帶一提，他們雖然出門只駕馬車，卻可以駕駛馬車去現代化的超市購物，究竟可與不可的界線在哪裡？我至今仍無法完全理解。）

進入新墨西哥州，最讓人無法忽視的大概是聚落裡的普韋布洛（Pueblo）式建築。普韋布洛原本指的是美國西南部原住民以泥土製造的一種集村建築形式，一家挨著一家，連成一片幾百戶人聚居的泥土建築，在遼闊的大地上顯得特別壯觀。後來在新墨西哥州的現代建築裡也融入了一些普韋布洛的元素，像是仿泥土的黃色外觀、牆上突出的木梁柱頭、厚實的牆壁等，成為新墨西哥州的招牌特色。

來到這裡，鐵路已經處於海拔超過 2,000 公尺的高原上，大地更加乾燥，而窗外的溫度已經高到能將人烤乾。短短一天內能夠帶領人穿越那麼不同的地景、氣候與文化，長途列車的優勢在此展現無遺。

（上）途經新墨西哥州科羅拉多高原路段，火車盤山而上，風景從展望車廂一覽無遺。（下）途經新墨西哥州科羅拉多高原路段，兩旁的家屋出現當地特有、融合美洲原住民建築形式的「普韋布羅」風格。

退休銀髮族

★ ★ ★

與社會新鮮人的相遇

第二天晚上，我按照預約的時間來到餐車，並在服務員的帶領下入座。由於空間有限，除非正好是四人一組的乘客，否則必須和其他乘客併桌。對於喜歡在旅途中交朋友的背包客來說，是個和人展開對話的大好機會。

這些和我一起用餐的臥鋪車廂乘客，共同的特色是：白人，年紀都非常大，目測大部分都在 70 歲以上，幾乎都是有錢有閒的銀髮族。像是「我們已經退休十年了，這趟搭火車去某某城市拜訪孫子孫女……」之類的話，我在旅途中聽到了不少次。

相較於他們，我在餐車裡是個異類：亞洲面孔、剛來美國不過兩年、20 出頭、剛從學校畢業；但或許也是因為這樣的差異，讓彼此的對話格外有趣。

「我是搭乘這班火車，要前往加州開始我畢業後第一份工作的！」我這樣告訴同桌的乘客們。

用餐當下，火車繼續奔馳於平坦開闊的科羅拉多高原上，天色已經漸漸暗了下來。這段路上火車衝得特別快，根據我用手持 GPS 的測量，時速偶爾高達 90 英里（約 145 公里）。然而，火車不斷衝刺、窗外風景漸漸沒入夜幕的景象也提醒著我：假期很快就要結束了，第一份正職工作要開始了，我不再像過去那樣，每年有寒暑假了！

深夜放下床鋪，點起夜燈準備入眠。

　　想到正職工作即將展開，內心
還是有些忐忑不安。在加州迎接我
的，會是怎樣的生活？而我又要等
到何年何月，才能像一起用餐的這
些爺爺奶奶們一樣，出門不再需要
煩惱時間或金錢的問題，可以毫無
壓力地看著風景，晃呀晃地走跳於
美洲大地呢？

　　當晚，我照例鋪好了床，聽著
規律的鐵軌節奏入眠，準備迎接隔
天新生活的開始。

旅程的終點
與人生下一篇章的起點

在睡睡醒醒之間，火車已經接近我的目的地，加州的聖伯納帝諾（San Bernardion）。拂曉時分，火車正隨著蜿蜒的軌道盤山展線，通過進入洛杉磯都會區前的最後一道天險，卡宏隘口（Cajun Pass）。兩條鐵路、一條高速公路和鼎鼎大名的太平洋屋脊步道（Pacific Crest Trail）在這裡扭成麻花狀彼此交會。隨著列車的下坡加速感越來越強，我知道下車的時間即將來到。

我整理好行李，來到車廂的門邊，向一路照料我的服務員告別；接著列車停下，服務員搬出腳凳，站在門邊，協助旅客們上下車。此時還未全亮的天空已經顯現出清晨的顏色，事先預訂的計程車很快出現，直接將我載往公司，準備新人報到，鐵路橫貫美國大陸的搬家旅程正式劃下句點。

一段旅程的結束，往往是另一段旅程的開始。一位懵懵懂懂的社會新鮮人，正要踏入那叢林般既刺激又充滿未知的職場。加利福尼亞州的新生活，請多指教！

Kingman-Seligman 舊線上的風景，通往地平線的 66 號公路。

開著車追逐遙遠的夢想：
66 號公路

13

2002 年，911 事件之後的第一個暑假，那是美國旅遊市場相當低迷的時期。剛順利考上高中的我，跟著老爸一起來到當時幾乎一無所知的美國。

頭幾天是南加州主題樂園之旅，從環球影城、迪士尼到好萊塢，每個景點都讓我興趣缺缺；然而，隨著旅行團的遊覽車從洛杉磯往東邊前進，映入眼簾的是許多我不曾看到過的地景：寸草不生的沙漠、光禿禿的岩石山頭、綿延數十公里看不到盡頭的廣闊山谷、地廣人稀的大地……一路上我不斷被震撼著，一秒鐘都捨不得闔上眼睛。

走著走著，遊覽車來到一處路邊休息站，一行人下車如廁，順便逛逛紀念品店。這時我和爸爸都注意到：怎麼有個神奇的數字「66」，被製作成各種大大小小的周邊商品，在店裡琳瑯滿目地陳列著？

那是我第一次對「66 號公路」留下印象，然而真正了解它的存在與意義，卻是 10 多年後以留學生身分，再次來到這個國家。

貫穿美國東西的
「中山路」

　　這條正式名稱叫做「66 號國道」（U.S. Route 66）的公路，從中西部的芝加哥一路延伸到加州的洛杉磯，全程長達 3,940 公里。乍看之下，它似乎就像台灣的「台一線」、「台九線」一樣，是條如同骨幹一般貫穿全國的公路，但實際上意義不僅止於此。

　　這條公路還擁有一個較少被注意到的暱稱：美國的「主街」（Main Street）。在美國的許多鄉鎮裡，最主要的一條道路通常被命名為主街，是城鎮的主要幹道與商業區所在，其概念大致等同於台灣的「中山路」。一條連結全美國的中山路，在歷史上究竟有什麼重要性呢？

　　1910 到 1920 年，私人小客車開始在美國普及，短短 10 年間數量成長了 10 倍，讓美國開始走向私人運具為主的道路。然而車輛數目成長了，公路系統卻沒有趕上。當時國內各地各自為政，自行興建讓汽車行走的道路，不只路線標準不一，也沒有一個共同的編號系統。

　　因應公路交通的成長，美國終於在 1926 年提出了「全國公路系統」的概念，作出一些跨越各州、甚至東西兩岸的道路規劃；66 號公路的概念，便是在這樣的時代背景下出現。

　　在全國公路系統的規劃中，多數公路都是跟著過去從美洲原住民步徑、馬車路到鐵路的路廊走，路線上並沒有太大的變化。不過，66 號公路

卻是特例：原本應該沿著聖塔菲小徑，從密蘇里州一路向西，直到科羅拉多州再轉向南邊的新墨西哥州，卻被以「海拔高差較大」為由，改成先從大平原往南、再穿過奧克拉荷馬州與德州往西的路線。至於改變路線的真正原因，恐怕還是因為幕後推手之一是奧克拉荷馬人。

全國公路系統出現之前，私人小客車已經存在很長一段時間，公路也不是什麼新的發明。然而，能夠開著自己的車、照著自己的步調與喜好，沿著公路，從芝加哥一路開到洛杉磯，不用配合火車的時刻表，也不用在意同車的鄰座乘客，完全隨心所欲地橫跨東西岸，這在當時無疑是劃時代的創舉。

66號公路路線、途經城市與美國州際高速公路系統

套用淺橘色者是八個有66號公路通過的州。

能見度超高的

★ ★ ★

公路

Colorado River-Kingman 的舊線路段，擁有 66 公路上最戲劇化的風景，兩旁奇岩怪石彷彿張牙舞爪，隨時準備吞噬開車通過的旅人。

當時貫通東西兩岸的公路其實有很多條，66公路並不是最早，也不是長度最長的，爲何能在大衆文化中有如此高的能見度？

1930年代的經濟大蕭條，加上發生在奧克拉荷馬一帶的「黑色風暴」（Dust Bowl，一場由於乾旱、過度開發加上原生種被移除而導致的沙塵暴事件，造成農作欠收），許多美國人開始沿著這條公路往西部移動，如同19世紀的淘金者一般，期待在太平洋岸找到新的機會。這使得66公路成了去西部追尋夢想的同義詞，而這群人的歷史，也孕育了作家約翰·史坦貝克（John Steinbeck）在1936年發行的小說《憤怒的葡萄》（The Grapes of Wrath）。

時間進入戰爭後的1950年代，沿著66號公路旅行或尋找全新人生的風潮並未消退。公路兩邊的商家與旅館，開始無所不用其極地爭奇鬥豔，做出許多造型誇張、甚至有點不合理的招牌與建築，像是兩三層樓高的仙人掌塑像、模仿原住民帳篷造型的汽車旅館、游泳池邊的鯨魚造型跳台，期待在競爭激烈的路邊經濟裡，殺出一條血路。許多風格獨特的房屋或造景，成爲今日拜訪66號公路的打卡景點。

除此之外，電視上也出現了以66號公路爲名的劇集（還一連播了整整4年！），樂壇上則有了名聞遐邇的歌曲〈Get Your Kicks on Route 66〉。這條公路所擁有的特殊待遇和能見度，可能超過人類歷史上的任何一條道路。然而今天打開美國公路地圖，上面其實是沒有66號國道的，這條道路後來是如何從地圖上消失的呢？

66 號公路的
末日

　　二戰後的 1950 年代，是美國經濟欣欣向榮、蓬勃發展的年代。時任美國總統的艾森豪雄心勃勃地提出「州際高速公路系統」（Interstate Highway System）計畫，以至少 64,000 公里的四線道封閉式快速公路，將全國大小城市全部連結起來。這種雄心壯志，堪比近年中國狂蓋高鐵的企圖心。

　　全國性高速公路的概念最早出現於德國威瑪共和時期，後來被納粹首領希特勒發揚光大。美國雖然視納粹為敵人，對於德國的科技成就倒是非常感興趣，於是把同樣的概念複製到了美國。

　　州際高速公路的計畫，使得全國的道路系統被重新整建。像 66 號公路這樣的道路，原本經過城鎮時都是由市中心通過，路幅受限，而且紅綠燈頗多。為了讓駕駛人經過城鎮時不用降速，新的公路改成以外環道的形式從城鎮外圍經過；至於非市區的路段，原本的舊公路則大多被新建的高速公路直接覆蓋，或者整條改線。

　　車速的加快與道路改線，使得路上原本靠著路邊經濟維生的這些城鎮一夕之間沒落，這樣的故事在原本的 66 號公路上屢見不鮮，也正是迪士尼動畫《汽車總動員》（Cars）裡油車水鎮（Radiator Springs）的設定背景。

（上）Colorado River-Kingman
舊線上的小鎮 Oatman，古味
十足，街上房屋大多仍是木造，
騾子在街上穿梭，是許多旅人
朝聖的地方。（下）Kingman-
Seligman 舊線上的小鎮，已經
廢棄許久的加油站。

　　經過這一連串的整建，原本的 66 號公路已經變得柔腸寸斷，大部分
的路段被 I-55、I-44、I-40 這幾條州際高速公路取代。到了 1980 年代，
駕駛人幾乎可以從芝加哥一路沿著高速公路抵達洛杉磯，唯一一段遲遲
無法貫通的路段，是位在亞利桑那州的城市 Williams。

　　Williams 的居民擔心步上這些小鎮的後塵，堅決反對讓高速公路從
外圍通過，使得當時的車輛仍然必須沿著原本的 66 號公路進入市區等紅
綠燈，堪稱州際公路工程中的「最牛釘子戶」。最後在多次談判協商並
改變設計之後，當地居民終於同意讓高速公路取代原本通過市區的 66 號
公路，I-40 州際公路宣告完工，同時，66 號公路也從美國全國公路系統
中解編，正式走入歷史。

66 號公路

★ ★ ★

旅行推薦

　　雖然現在官方公路系統中已經沒有 66 號公路了，但它在過去半個世紀以來，所創造的大眾文化、旅行體驗，以及象徵的 50 年代的懷舊風情，仍然深植在美國人心裡。因此這條路線至今依然熱門，不時可以看到有人騎著重型機車，或者是駕駛著 50 年代的古董車，沿著舊有的 66 號公路前行，以旅行延續這條公路的生命。

　　沿線各州政府看準了這股商機，大力推廣境內的 66 號公路懷舊景點，還很貼心地在已經解編的道路上重新設置 66 號公路的指標，給有心探索的旅人們參考。

　　除非時間很多，否則將這條近 4,000 公里長的道路從頭開到尾，不是最好的方法。最理想的方式還是搭配其他的景點，例如一併拜訪美國西南部「四角落」（Four Corner，指科羅拉多、新墨西哥、猶他、亞利桑那州交界處）地區的國家公園。在這裡推薦幾種體驗方式，以及一些我親自拜訪過的地方：

● 開車經過真正的舊路與沿線的小鎮

　　66 號公路留下的舊路大概可以分成兩類，一是因為新的高速公路改走外環道而遺留下的市區段舊路，這些舊路大多還繼續作為街道使用，少部分廢棄，路旁偶爾會設立一些裝飾藝術或標示，紀念過去公路的歷史。在

市區有時還能找到當年的加油站、旅店，其中有些改建成博物館供人參觀，可以從中了解66號公路創造的獨特文化。

這種類型的舊路，幾乎在沿線所有城鎮都能找到。在我拜訪過的地點中，伊利諾州的 Dwight 與奧克拉荷馬州的奧克拉荷馬市（Oklahoma City）都值得推薦。

另一種舊路，則是因為舊路過於蜿蜒、新路截彎取直，因而保留下來的舊路段。大多位在西部亞利桑那州與加州境內，通過地廣人稀的荒野。開車走在這些只有兩線道、充滿年代感、四下無人的道路上，很有西部特有的冒險氛圍，是我個人認為最原汁原味的66號公路體驗。

（上）66公路途經的四角落區廣袤大地上有著許多美洲原住民留下的遺址。（下）66公路途經的四角落區廣袤大地上有著許多美洲原住民留下的遺址，圖為烏帕特基國家紀念地（Wupatki National Monument）。

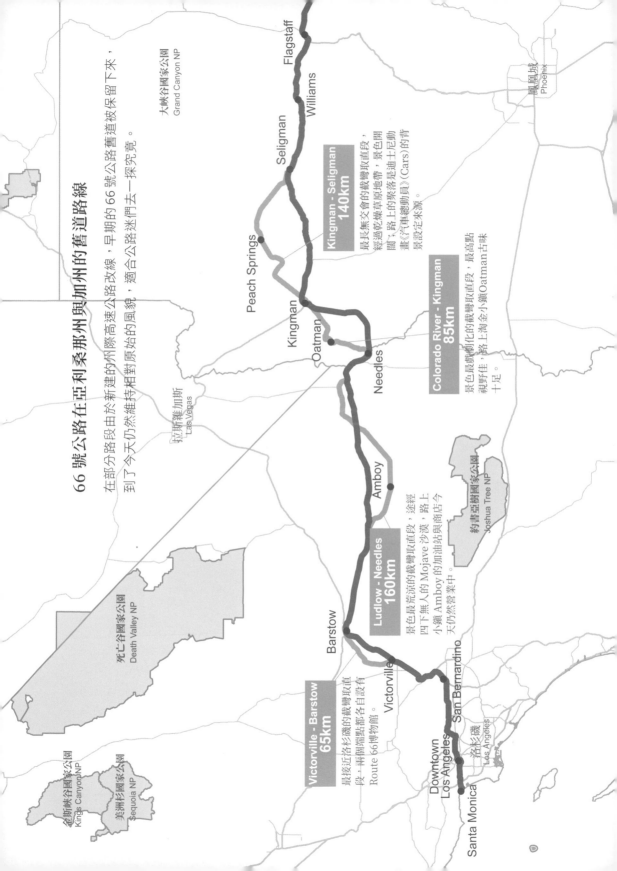

66 號公路在亞利桑那州與加州的舊道路線

在部分路段由於新建的州際高速公路改線，早期的 66 號公路舊道被保留下來，
到了今天仍然維持相對原始的風貌，適合公路迷們去一探究竟。

大峽谷國家公園
Grand Canyon NP

Flagstaff

Williams

Seligman

Kingman - Seligman
140km

最長無父會的截彎取直段，
經過乾燥草原地帶，景色開
闊，路上的聚落是迪士尼動
畫《汽車總動員》(Cars) 的背
景設定來源。

Peach Springs

Kingman

Oatman

Needles

Colorado River - Kingman
85km

景色最戲劇化的截彎取直段，最高點
視野佳，路上淘金小鎮 Oatman 古味
十足。

拉斯維加斯
Las Vegas

Amboy

豹書亞樹國家公園
Joshua Tree NP

Ludlow - Needles
160km

景色最荒涼的截彎取直段，途經
四下無人的 Mojave 沙漠，路上
小鎮 Amboy 的加油站與商店今
天仍然維持營業中。

死亡谷國家公園
Death Valley NP

Barstow

Victorville

Victorville - Barstow
65km

最接近洛杉磯的截彎取直
段，兩個端點都各自設有
Route 66 博物館。

San Bernardino

Downtown
Los Angeles

洛杉磯
Los Angeles

Santa Monica

金峽谷國家公園
Kings Canyon NP

美洲杉國家公園
Sequoia NP

鳳凰城
Phoenix

這種改線路段較長的有四段：

亞利桑那州，Kingman-Seligman，140km：

新路改線之後留下最長的舊路路線，經過乾燥草原地帶，景色開闊，令人心曠神怡。路上的聚落 Peach Springs，據說是迪士尼動畫《汽車總動員》裡油車水鎮的原型。

亞利桑那州—加州，Colorado River-Kingman，85km：

景色最戲劇化的截彎取直段，九彎十八拐配上奇岩怪石，讓人彷彿進入了妖怪的世界。路上有座淘金小鎮 Oatman，古味十足，街上房屋大多仍是木造，騾子在街上穿梭，是許多旅人朝聖的地方。我自己拜訪時便遇到一大群專程來此的重型機車騎士。

加州，Ludlow-Needles，160km：

景色最荒涼的截彎取直段，途經四下無人的 Mojave 沙漠，在廣闊的大地上開車前進，更加感受到那種寂寥。這段路上的小鎮 Amboy 過去是沙漠路段裡的補給站，如今雖然主要幹道已經不再經過，加油站與商店卻仍然營業中，持續迎接來自四面八方的 66 號公路迷。

加州，Victorville-Barstow，65km：

最接近洛杉磯的截彎取直段，相對來說，比較能感受到人煙，兩個端點都各自設有 Route 66 博物館。Victorville 附近的 Southern California Logistics Airport 停放著數百架沙漠封存的飛機，是飛機迷們可能會感興趣的朝聖點。

● 奇葩地標

　　在公路的鼎盛時期，為了吸引過客，兩邊商家無所不用其極的做出浮誇的招牌或建築，其中一些成為另類的懷舊據點。以下列舉幾個比較知名的：

奧克拉荷馬州 Tulsa 附近

　　有座藍色大鯨魚游泳池（Blue Whale of Catoosa），遊客從鯨魚的嘴巴進入，可以從鯨魚臉頰上的滑梯滑入水中，或是走到鯨魚高起的尾部賞景。

亞利桑那州 Holbrook 的 Wigwam Motel

　　Wigwam 是一種圓錐形的帳篷，是美國人刻板印象中的原住民居所。當年汽車旅館經營者刻意將房間蓋成模仿 Wigwam 帳篷的造型，吸引遊客入住。（不過，Wigwam 形式的帳篷僅出現於大平原上的原住民群體，和亞利桑那州的民族無關，因此嚴格來說，是種不太恰當的文化挪用。）

加州 Amboy 羅伊（Roy's）汽車旅館與餐館的超大招牌

　　挺立於平坦遼闊的沙漠上，大老遠就能看到。

德州 Amarillo 附近的凱迪拉克牧場（Cadillac Ranch）

　　由十輛斜插在土裡的凱迪拉克汽車組成，每輛車子都成了彩繪塗鴉的畫布。在景色相對單調的大平原南端，這些汽車為經過的旅人們增添了一些趣味。

● 自然景色

美國西南部的自然風光自然不用多說，66號公路經過科羅拉多高原南緣，附近有好幾個知名地形景觀如大峽谷、羚羊峽谷（Antelope Canyon）、紀念碑谷（Monument Valley）等；在亞利桑那州Flagstaff附近有一大片壯觀的火山群，Flagstaff南方的Sedona是被紅色岩石環繞的網美度假小鎮，這些地方都非常適合加入66號公路的行程之列。

● 原住民文化

比較少人注意到的是，66號公路途經不只一處擁有豐富原住民文化的地方，一是位於亞利桑那州和新墨西哥州一帶，另一處則是在奧克拉荷馬州。

亞利桑那州與新墨西哥一帶有著兩個主要的族群：擁有美國本土第一大保留地的納瓦霍（Navajo），以及和他們不遠的霍比（Hopi）。在納瓦霍人來到之前，霍比以及其他文化相近的部落使用泥土，建造出多達數百戶、相當壯觀的集村，後來被稱為「普韋布洛」。如今來到這裡，還能見到數百年前留下的普韋布洛遺址、歷史也很悠久的洞穴民居，以及延續至今的原住民文化。

另一處則是奧克拉荷馬州。在歐洲人步步進逼、強迫美洲原住民遷徙的過程中，奧克拉荷馬州原本是劃分給原住民的最後保留地，19世紀上半有數以萬計的原住民從東岸被迫搬遷至此，後來將這段歷史稱為眼淚之路（Trail of Tears）。奧克拉荷馬州至今仍是原住民比例較高的一州，保留地裡有各族族人自己的政府、議會與學校，同時透過博物館將這樣的歷史讓更多人知道。

蒙哥馬利，阿拉巴馬州政府前的 Dexter Avenue，造訪時正好碰到集會遊行。

以生命為代價：
民權運動之路

14

　　1865 年結束的南北戰爭，宣告了奴隸制度的終結，但卻同時標示著另一段時期的開展：種族隔離。猶如之前奴隸制度的陰魂不散，這種根據膚色給予不同待遇的政策，又在美國南方延續了整整一個世紀之久；我們在歷史課本上可能看過的「黑人專用飲水機」、「白人專用座位」，到 60 年前都仍然存在著。

　　結束種族隔離制度的關鍵，是 1950 至 1960 年代間的一連串抗議事件，也就是今天所稱的「民權運動」（Civil Right Movements），而其中好幾個都發生在深南部（Deep South）的阿拉巴馬州。抱持著想要一睹真實歷史場景、挖掘更多事件細節的心情，我在春寒依然料峭的 3 月來到阿拉巴馬，開著車逐一拜訪那些曾經上演流血衝突的幾座城市。

吉姆・克勞法：
種族隔離的法律基礎

要了解民權運動發生時南方黑人的處境，我們必須從南北戰爭之後的 12 年「重建期」談起。

重建期中的黑人處境，看似是充滿希望的：選舉權與被選舉前受到法律保障，黑人開始在選舉中投票，甚至投入政壇；極右派組織 3K 黨被解散；聯邦軍隊駐守於南方，確保那些憲法修正案保障的權益被充分執行。然而，這些在廢奴之後的巨大轉變，很快引起了南方保守人士的反撲。

在 1876 年號稱「史上最骯髒」的美國總統選舉中，保守派與改革派得票數不相上下。爲了解決這場僵局，雙方進行了利益交換：保守派同意由改革派的總統候選人當選，但條件是聯邦軍隊必須撤出南方。這筆黑暗的交易，標示著重建期的結束，也開啟了一道方便大門，讓南方保守派可以開始制定自己的遊戲規則。

當時南方所實行的這些制度，其精神常被以「分離但平等」（separate but equal）來描述：白人和黑人一樣可以上學，但白人有白人的學校，黑人也有黑人的學校，兩者不得混合；同樣的巴士上有白人座位與黑人座位、餐廳有白人桌與黑人桌、旅館可以禁止黑人入住……這些將分離但平等精神制度化的法律，被統稱爲「吉姆・克勞法」（Jim Crow）。民權運動的故事，就是在這個處處都被隔離的社會環境中上演。

蒙哥馬利公車抵制運動

★ ★ ★

與羅莎・帕克斯

　　1955 年 12 月的一個星期四傍晚，在下班尖峰時段，蒙哥馬利（Montgomery）市中心的街頭，一位樣貌斯文、身形矮小的黑人女性羅莎・帕克斯（Rosa Parks）結束了一整天的工作，坐上一輛公車準備返家。當時沒人想到的是，這位看似平凡的乘客，竟然改變了整座城市非裔社群的命運。

　　當時蒙哥馬利巴士上的座位劃分是：前方最接近司機的 10 個座位爲白人專用，有色人種必須從最後面開始坐；介於兩者之間的巴士中段，雖然沒有明文規定，但有個潛規則是：一般情況下黑人可以入座，但是如果前方的 10 個白人專用座位坐滿了，這些座位就必須讓白人優先使用。

　　帕克斯正好就坐在巴士中段。由於下班時間乘客較多，車上很快就有了超過 10 位的白人乘客。其他坐在巴士中段的黑人見狀，紛紛依照潛規則讓位給白人，最後只剩下她一個人仍然堅定的坐在位子上，絲毫沒有一點要讓位的意思。駕駛見狀相當不悅，於是起身來到帕克斯的座位邊：

　　「妳爲什麼不站起來讓位？」
　　「我不認爲我需要讓位。」帕克斯淡定回答。這下子，駕駛火氣上來了。
　　「很好，如果妳堅持不站起來，那我得叫警察來逮捕妳。」

「你可以這麼做。」帕克斯的語氣平穩但堅定地說，彷彿接下來無論發生什麼事情都無法撼動她的決心。

帕克斯的逮捕，讓蒙哥馬利的黑人社群決定發起一場巴士抵制運動，所有人在當局回應訴求之前全部拒搭巴士。不過，這場運動的代價並不低——當時黑人自用車持有率非常低，少了大眾運輸，連要去上班上學都成為問題。

阿拉巴馬州民權運動重要地點

　　爲了這場抵制運動，黑人社群發起共乘計程車制度，以私人小客車載運那些原本依賴巴士行動的黑人；同時還發起了鞋子募捐的活動，讓黑人可以得到較好的鞋子以步行通勤。另外，每個禮拜有兩個晚上，黑人教會舉辦大型集會（Mass Meeting），來宣揚這個運動的理念並且凝聚士氣。

　　沒有大衆運輸的生活，如果是你，可以忍耐多久？蒙哥馬利的黑人堅持了整整 384 天，超過一年的時間！這段時間經歷了聯邦政府宣判巴士隔離政策違法、州政府不服上訴、聯邦再審定讞，最後蒙哥馬利巴士隔離制度完全廢除，抵制活動才正式結束。

　　這場運動被視爲 1950 年代具有代表性的民權運動事件，也是馬丁・路德・金恩在民權運動中嶄露頭角的開始。今天來到蒙哥馬利，我們仍然可以在羅莎・帕克斯博物館（Rosa Parks Museum）中見到當年的同型巴士，並且藉由多媒體的呈現，還原當年巴士上的事發經過。此外，當時舉行大型集會的教堂，至今仍然作爲民權運動地標，矗立於州政府前的蒙哥馬利街頭。

Dexter Avenue 上的金恩紀念浸信會（King Memorial Baptist Church），在巴士抵制運動期間曾經是大型集會舉行的地方。

危險的長途巴士旅行：
自由乘車者運動

對 1960 年代初的黑人來說，在南方旅行並非一件簡單的事 —— 所有交通工具、旅館、餐廳隨時都可以拒絕他們，或者要求他們只能坐在特定區塊，這使得他們旅行時往往畏首畏尾，隨時擔心會被掃地出門。

因應這個情況，當時有一本定期出版的《黑人駕駛綠皮書》（The Negro Motorist Green Book），裡面列出南方各州對黑人友善的店家，是時代背景下產生的一本旅行工具書。

1961 年，一群民權運動者決定挑戰這條界線，這群人裡有黑人也有白人，多數是年輕的學生。他們搭乘巴士從華盛頓特區出發，打算一路經過南方各州後抵達紐奧良，並且在路途中不分膚色坐在一起，藉此挑戰這些地方的種族隔離政策。他們自稱爲「自由乘車者」（Freedom Rider）。

前段車程大致順利，一直到喬治亞州都沒有遇到太大問題，然而 5 月 14 日母親節的週日早晨，巴士進入阿拉巴馬州那一刻，另一群人已經虎視眈眈準備襲擊他們，那是在 20 世紀初死灰復燃的極右派團體 —— 3K 黨。

正當其中一輛巴士在第一個城市安尼斯頓（Anniston）準備出發時，這群剛上完教會、還穿著襯衫的 3K 黨成員，便直接在車站內攻擊巴士。駕駛見狀，奮力將巴士駛離，然而由於輪胎已經被刺破，這輛巴士一拐一拐地前進了幾公里後終於拋錨。

　　當巴士一停下來，攻擊者便開始向車內投擲汽油彈，並且試圖封死所有車窗，想讓裡面的自由乘車者被活活燒死，幸好，所有人在路人與公路警察協助下順利逃生。

　　至於另一輛巴士也沒有比較幸運。當這輛巴士駛入蒙哥馬利客運站，3K 黨人馬上不分青紅皂白地以木棍和鐵棒毆打自由乘車者，甚至白人受到的攻擊更加嚴重，其中一位送醫被縫了 50 針，就連現場採訪的記者與聯邦政府人員都受到波及。

蒙哥馬利原灰狗巴士站，現在是自由乘車博物館，保留了民權運動時代種族隔離的樣貌，並且介紹自由乘車者運動的經過。

看到這個景象，你或許會問：「警察呢？警察都去哪了？」事實上，在當時南方常見的共犯結構下，犯案者與警察事先串通並不罕見。以蒙哥馬利的自由乘車者攻擊事件來說，警方事先不但知情，而且還刻意晚了 15 分鐘才到達現場，默許這項暴行的發生。

這座攻擊事件發生的巴士站，今天仍然矗立在蒙哥馬利街頭，外觀看來是座典型的 50 年代裝飾藝術風（Art Deco）建築，裡面則改為自由乘車博物館（Freedom Rides Museum）。在車站內部，可以見到當年白人專用與黑人專用的候車室，就連大門都分成兩道。除此之外，還有展示自由乘車者的成員、事發經過，以及當年黑人在南方旅行必備的那本《黑人駕駛綠皮書》。

自由乘車者遭遇的暴行受到極大關注，包括支持民權運動、時任美國總統的甘迺迪（John F. Kennedy），但厄運並未就此停止。在阿拉巴馬隔壁的密西西比州，自由乘車者一下車馬上遭到州警逮捕拘留。這群意志堅定的自由乘車者不但拒絕保釋，還讓更多支持者一起加入，試圖讓密西西比州的監獄被塞爆。最後，密西西比州的監獄裡，竟然拘留了超過 300 位自由乘車者！

以到達終點紐奧良來說，自由乘車者是失敗的，然而，讓非暴力抗議引起全國的關注卻是成功的。當年 11 月，州際商業委員強制介入，要求全美各州必須廢除所有種族隔離的火車、巴士、車站；至於《黑人駕駛綠皮書》，則在 1966 年最後一次出版之後走入歷史。

兒童十字軍

★ ★ ★

與伯明罕 16 街浸信會爆炸案

1963 年對美國而言是個多事之秋：前一年的古巴飛彈危機，將冷戰推向高潮；當年 8 月，馬丁·路德·金恩在華盛頓特區發表《我有一個夢》演說；同年 11 月，甘迺迪總統被刺殺。以「內憂外患」來形容當時的美國再貼切不過。

而在阿拉巴馬州的另一座城市伯明罕，這一年也相當不平靜。伯明罕向來被認爲是種族衝突最嚴重的城市之一，頻繁發生的爆炸事件使它獲得了「炸彈城」（Bombingham）的別稱。那年發生的衝突中，有兩個事件值得注意，而這兩次都正好和兒童有關。

該年 5 月，伯明罕黑人發起了一場民權運動中相當不尋常的遊行：兒童十字軍。爲什麼大人不自己上陣，要推青少年去當人肉盾牌？這樣的質疑也曾經在黑人社群中出現。不過，最實際的理由是：大人上街的結果很可能是被解僱，影響到一個家庭的生計，青少年上街至少可以避免這種情況。

這群青少年集結後便往市中心前進，打算就種族問題向市長陳情。然而，隊伍才一出發，馬上受到上司是極右派的警察強力干擾，用警犬和消防水柱攻擊學生，逮捕了 600 人。殘酷暴力的鎮壓景象在電視上播放著，引發全國的同情與關注，也使得伯明罕在壓力之下廢除公共場所的種族隔離政策。

但兒童十字軍的成功，隨即引發保守派的不滿，也觸發了另一次駭人聽聞的事件。當時 16 街浸信會堪稱民權運動的灘頭堡，不但抗議者多次在此集結，就連馬丁‧路德‧金恩都多次在此出入，也因此成為 3K 黨的攻擊目標。就在《我有一個夢》演講兩個多禮拜之後，週日早晨禮拜即將開始時，教堂右邊的側邊階梯突然傳出一聲巨響，震碎了教堂的彩繪玻璃，就連一兩個街區外的房屋都受到爆炸影響。

原來早在前一天，3K 黨人士就已經預先於教堂側邊放下炸藥，打算在週日最多人出入時引爆，作為對民權運動者的報復。諷刺的是，這起爆炸案並沒有炸死任何組織民權運動的大人，反而炸死了四位當時在地下室等待上台表演的女孩，並導致另一位女孩永久失明。

16 街浸信會後來在社會各界捐款送暖下很快修復，還裝上了更美麗的彩繪玻璃，現在不但仍運作中，同時也開放參觀並提供導覽，讓人們能夠回顧事件經過，並且實際看到爆炸發生的地點。

（左）發生爆炸案的伯明罕 16 街浸信會。（右）發生爆炸案的伯明罕 16 街浸信會，牆上投影的四張臉孔即是在事件中喪命的四位小女孩。

在 16 街浸信會對街的伯明罕民權運動博物館（Birmingham Civil Rights Institute），同樣是一座代表性的民權運動博物館，裡面著重於種族隔離時期黑人的日常生活，像是當時寫著「白人」與「有色人種」的兩座洗手台，以及拘留馬丁・路德・金恩的牢房複製品。

此外，當時兒童十字軍的行進路線被串成一條步道，遊客可以沿著這條路徑了解事件的發生始末，並且拜訪當年黑人區留下的重要地標。

兩起接連發生的案件加快了聯邦政府的改革腳步。在甘迺迪總統被刺殺之後，繼任的強森總統（Lyndon B. Johnson）隔年簽署了《民權法案》（Civil Rights Act of 1964），禁止全國所有場所實行種族隔離。

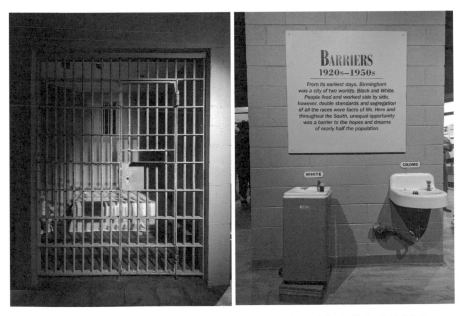

（左）伯明罕民權運動博物館展示馬丁・路德・金恩被拘留的牢房複製品。
（右）伯明罕民權運動博物館展示當年白人與有色人種各自使用的飲水台。

薩爾瑪—
蒙哥馬利遊行

民權運動的發展並非只是同一群人在單一議題上努力,而是存在不同力量在不同領域裡多頭並進。前面提到的《1964 年民權法案》雖然禁止公共場所的種族隔離,但仍然有另一項基本人權問題有待解決:選舉權。

重建期之後的美國南方,法律要求不得以種族爲理由限制投票權,因此南方保守派很快地想出新的花招:選舉稅。想要在這幾州註冊成爲選民,先決條件是支付選舉稅,而這筆稅金對於白人來說不是太大的負擔,對社經地位較低的黑人卻是難以跨越的門檻。

與選舉稅同時存在的還有「投票者必須識字」的規定,以識字能力決定一個人是否有權投票。各種手段盡出的結果,是在薩爾瑪這座城市的 15,000 位黑人中,僅有 156 位成功註冊爲選民。

爲了衝撞這樣的規定,民權運動者在薩爾瑪發起運動,集體前往當地法院,試圖註冊爲選民,不意外地遭到拒絕,警方還強行逮捕其中一些人。就在一次衝突中,一位參與者遭到州警槍殺,導致運動參與者決定發起一場遊行,從薩爾瑪步行到 80 公里外的州府蒙哥馬利陳情,並且緬懷這位受難者。

薩爾瑪—蒙哥馬利遊行發生濺血事件的橋梁 Edmund Pettus Bridge,背景即是薩爾瑪市區。

　　遊行在 1965 年 3 月的一個週日展開。薩爾瑪坐落於阿拉巴馬河的北岸，若要離開這座城市前往蒙哥馬利，首先必須通過唯一的一座橋樑 Edmund Pettus Bridge 才能出城。就在遊行隊伍來到橋邊的時候，赫然發現原來在支持種族隔離的時任州長安排下，騎著馬的州警早已在橋上形成戰線，想阻擋前往蒙哥馬利的遊行隊伍。遊行參與者隨即受到警棍、催淚瓦斯與橡膠彈攻擊，導致多人掛彩，遊行隊伍鎩羽而歸，史稱「血腥星期日」（Bloody Sunday）。

　　這一次的失敗並未阻止民權運動者再次嘗試。兩週之後的星期日，在聯邦政府協助下，遊行隊伍終於順利出發，走了整整五天四夜，前往蒙哥馬利。路上接受支持的民衆提供食物，並且在四片由支持者提供的土地上紮營過夜。這條路就是今天的 80 號國道（US Highway 80），而路上這些營地、事件發生地點都成爲重要的文化資產，今天的遊客能夠開車一一造訪。

　　遊行的隊伍最後抵達蒙哥馬利，集結在州府前面。馬丁・路德・金恩在此發表了另一場重要演說《還要多久？不久了！》（How Long? Not Long!），在演說裡他引用了誕生於南北戰爭、在美國廣受歡迎的〈共和國戰歌〉（The Battle Hymn of the Republic）歌詞：

「還要多久？不久了！
因爲我的眼睛已看見我主來臨的榮光，
祂正踐踏那積存憤怒葡萄的酒酢，
祂已露出那可怕的利劍閃閃發光，
我們的神正在揮軍前進！」

　　就在同年，美國通過了選舉法案，這個國家終於不再能夠以任何理由拒絕公民行使選舉權；距離保障選舉權的憲法第 15 條修正案公布，已經過了整整一個世紀之久。

★ ★ ★
自由的代價

　　我藉由自助旅行的方式,在阿拉巴馬州拜訪了四個重要的民權運動發生地,也慢慢拼湊出當年前因後果的完整圖像。然而,對於許多人來說,民權運動並非在 1950 年代才開始,至今也仍然尚未結束!種族衝突至今在美國不斷上演著,雖然不是透過隔離政策或禁止投票,但資源分配不均、警察執法過當等議題,仍然是這個國家當前面對的挑戰。

　　當身邊上演著這些事件,我們是否應該打破沉默,發聲相挺?但假設參與的結果是失去大眾運輸、被無故毆打或囚禁,甚至是無辜的孩子在爆炸案中喪命,我們還願意這樣做嗎?

　　為了自由,我們到底願意付上多少代價?那是當我回程開著車離開阿拉巴馬州時,不斷問自己的問題。

地圖資料來源（依字母排列）

Alaska Eskimo Whaling Commission, Esri, Garmin, Google Maps, National Geographic Society, Natural Earth, TomTom, US Bureau of Transportation Statistics (BTS), US Census Bureau, US Central Intelligence Agency (CIA) The World Factbook, US Federal Highway Administration (FHWA), US National Interagency Fire Center (NIFC)

品味地球 3035

美國後巷：非典型旅人的美國探索紀實

作者	楊佳榮 Jerome Yang
責任編輯	沈敏家
校對	劉素芬
封面設計	江麗姿
內頁排版	江麗姿

總編輯	龔橞甄
董事長	趙政岷
出版者	時報文化出版企業股份有限公司
	108019 臺北市和平西路三段二四〇號四樓
	發行專線　02-2306-6842
	讀者服務專線　0800-231-705・02-2304-7103
	讀者服務傳眞　02-2304-6858
	郵撥 19344724　時報文化出版公司
	信箱 10899　臺北華江橋郵局第 99 信箱
時報悅讀網	www.readingtimes.com.tw
法律顧問	理律法律事務所陳長文律師、李念祖律師
印刷	華展印刷股份有限公司
初版一刷	2023 年 3 月 3 日
初版二刷	2023 年 8 月 2 日
定價	480 元

美國後巷：非典型旅人的美國探索紀實 /Jerome
著 . -- 初版 . -- 臺北市：時報文化出版企業股份有
限公司 , 2023.03
面；　公分 . -- (品味地球；3035)

ISBN 978-626-353-503-9(平裝)
1.CST: 遊記 2.CST: 旅遊文學 3.CST: 美國

752.9　　　　　　　　　　　　112001127

ISBN　978-626-353-503-9
Printed in Taiwan